I0539808

BESTACTIVITYBOOKS.COM

ERSTE AUSGABE - Veröffentlicht 2022

Extra Grafikmaterial von: www.freepik.com
Dank an: Alekksall, Starline, Pch.vector, Rawpixel.com, Vectorpocket, Dgim-studio, Upklyak, Macrovector, Stockgiu, Pikisuperstar & Freepik.com Designers

5 TIPPS FÜR DEN ANFANG!

1) LÖSUNG DER RÄTSEL

Die Puzzles haben ein klassisches Format :

- Die Wörter sind ohne Abstand, Bindetrich usw… versteckt
- Richtung : vor-& rückwärts, auf & ab oder in der Diagonale (beider Richtungen)
- Die Wörter können übereinanderliegen oder sich kreuzen

2) AKTIVES LERNEN

Neben jedem Wort ist ein Abstand vorgesehen zum Aufschreiben der Übersetzung. Um ihre Kenntnisse zu überprüfen und zu erweitern befindet sich am Ende des Buches ein **WÖRTERBUCH**. Suchen sie die Übersetzungen, schreiben sie sie auf, dann können sie sie in den. Puzzles suchen und ihrem Wortschatz hinzufügen.

3) ANZEICHNUNG DER WÖRTER

Haben sie schon einmal versucht eine Anzeichnung zu verwenden? Sie könnten zum Beispiel die Wörter, die schwer zu finden sind, ankreuzen, die Wörter, die sie lieben, mit einem Stern, neue Wörter mit einem Dreieck, seltene Wörter mit einem Diamant usw … anzeichnen

4) IHR LERNEN ORGANISIEREN

Am Ende dieser Ausgabe bieten wir auch ein praktisches **NOTIZBUCH** an. Ob im Urlaub, auf Reisen oder zu Hause, sie können ihr neues Wissen ganz einfach organisieren, ohne ein zweites Notizbuch zu benötigen!

5) SIND SIE AM SCHLUSS ?

Gehen sie zum Bonusbereich : **MONSTER-HERAUSFÖRDERUNG,** um ein kostenloses Spiel zu finden, das am Ende dieser Ausgabe angeboten wird !

Lust auf mehr Spaß und **Lernaktivitäten**? **Schnell und einfach :**
eine ganze Spielbuchsammlung mit einem einzigen Klick erhaltbar :

Mit diesem Link finden sie ihre nächste Herausforderung :

BestActivityBooks.com/MeineNachsteWortsuche

Achtung, fertig, ... Los !!

Wussten sie, dass es auf der Welt ungefähr 7.000 verschiedene Sprachen gibt ? Wörter sind kostbar.

Wie lieben Sprachen und haben schwer daran gearbeitet, die Bücher von höchster Qualität für sie zu entwerfen. Unsere Zutaten ?

Eine Auswahl von angepassten Lernthemen, drei große Scheiben Spaß, dann fügen wir einen Löffel schwieriger Wörter und eine Prise seltener Wörter hinzu. Wir servieren sie mit Sorgfalt und ein Maximum an Freude, damit sie die besten Wortspiele lösen und Spaß am Lernen haben.

Ihre Meinung ist wichtig. Sie können aktiv zum Erfolg dieses Buches beitragen, indem sie uns eine Bemerkung hinterlassen. Sagen sie uns, was ihnen an dieser Ausgabe am besten gefallen hat !!

Hier ist ein kurzer Link, der sie zu ihrer Bewertungsseite führt

BestBooksActivity.com/Rezension50

Vielen Dank für ihre Hilfe und viel Spaß

Linguas Classics

1 - Gesundheit und Wellness #2

A	N	D	D	R	C	R	V	H	D	H	A	B	B	P	O
Ç	N	A	P	E	T	I	T	E	I	O	T	W	C	A	V
E	H	A	R	F	L	M	E	Q	Z	G	E	S	W	B	W
S	O	E	T	W	G	R	N	C	G	U	I	N	K	V	R
T	S	S	I	O	S	O	C	S	I	R	D	E	Ç	K	L
R	P	P	K	S	M	D	Y	Z	B	L	J	Ç	N	A	S
E	I	O	J	E	E	I	T	V	R	V	Ç	C	L	E	A
S	T	R	D	P	G	T	A	O	Z	G	M	A	J	N	U
S	A	T	E	A	A	I	G	R	E	N	E	L	Ç	J	D
E	L	E	Z	H	S	J	E	X	B	K	D	O	Y	B	Á
L	Ç	S	A	C	S	Y	N	O	M	Q	X	R	S	E	V
E	F	D	J	W	A	U	É	F	L	Z	W	I	A	J	E
X	H	A	N	I	M	A	T	I	V	N	Q	A	N	W	L
A	L	E	R	G	I	A	I	Q	Y	M	P	L	G	Y	S
G	Z	S	O	O	Ã	Ç	C	E	F	N	I	R	U	H	Q
P	L	R	B	M	B	Ç	A	I	H	T	T	L	E	L	I

ALERGIA
ANATOMIA
APETITE
SANGUE
DIETA
ENERGIA
GENÉTICA
SAUDÁVEL
PESO
HIGIENE
INFECÇÃO
CALORIA
HOSPITAL
DOENÇA
MASSAGEM
RISCOS
DORMIR
ESPORTES
ESTRESSE
VITAMINA

2 - Ozean

N	L	Z	W	V	X	S	J	U	A	M	U	T	A	G	S
X	Z	O	W	X	T	D	E	X	I	E	P	J	W	O	A
T	U	B	A	R	Ã	O	P	F	Z	D	U	U	E	L	L
O	N	D	A	S	J	J	F	Ç	O	U	K	Ç	A	F	R
R	W	Y	N	F	B	E	J	K	A	S	Y	Z	H	I	W
M	A	R	É	S	N	U	R	E	D	A	Q	M	I	N	Q
U	R	H	F	K	U	G	P	C	O	R	A	L	J	H	E
T	T	A	E	F	Ç	N	C	O	F	C	K	A	X	O	D
E	S	P	O	N	J	A	A	C	L	B	A	L	E	I	A
F	O	U	R	F	N	R	M	R	E	V	O	F	Z	T	T
I	T	P	E	P	P	A	A	A	E	N	O	T	E	K	S
C	S	U	C	C	O	C	R	B	A	M	G	S	W	X	E
E	E	D	W	H	R	R	Ã	O	L	L	S	U	F	Ç	P
R	Y	Y	Z	W	O	N	O	U	U	Y	U	M	I	B	M
Z	E	T	A	R	T	A	R	U	G	A	X	S	P	A	E
O	L	X	Ç	K	Ç	W	D	Z	X	W	W	F	J	Z	T

ENGUIA
OSTRA
BARCO
GOLFINHO
PEIXE
CAMARÃO
MARÉS
TUBARÃO
CORAL
CARANGUEJO
POLVO
MEDUSA
RECIFE
SAL
TARTARUGA
ESPONJA
TEMPESTADE
ATUM
BALEIA
ONDAS

3 - Krankheit

O	B	K	D	A	Z	A	B	G	D	L	R	G	J	Y	G
G	D	V	A	I	J	A	H	K	O	Q	E	R	H	F	S
P	H	P	G	P	K	Y	A	D	K	M	R	M	R	Ç	C
I	R	E	G	A	L	U	P	K	K	K	M	M	D	U	Q
J	E	M	R	R	P	L	J	D	C	O	R	A	Ç	Ã	O
Q	S	O	O	E	I	M	U	N	I	D	A	D	E	H	S
V	P	R	C	T	D	A	L	E	R	G	I	A	S	I	O
Y	I	D	I	R	A	I	T	A	P	O	R	U	E	N	I
A	R	N	T	F	Ô	G	T	C	O	R	P	O	Y	J	G
G	A	Í	É	R	R	N	E	Á	S	A	Ú	D	E	Q	A
U	T	S	N	A	J	M	I	J	R	D	U	M	M	F	T
D	Ó	Z	E	C	N	X	J	C	O	I	S	E	I	O	N
O	R	A	G	O	N	X	M	V	A	G	O	H	X	B	O
I	I	A	B	D	O	M	I	N	A	L	S	J	B	V	C
Y	O	Ã	Ç	A	M	A	L	F	N	I	S	G	Q	F	U
B	A	C	T	E	R	I	A	N	O	S	O	U	I	U	Y

ABDOMINAL
AGUDO
ALERGIAS
CONTAGIOSO
RESPIRATÓRIO
BACTERIANO
CRÔNICA
INFLAMAÇÃO
HEREDITÁRIO
GENÉTICO
SAÚDE
CORAÇÃO
IMUNIDADE
OSSOS
CORPO
NEUROPATIA
FRACO
SEIO
SÍNDROME
TERAPIA

4 - Meditation

S	G	P	Ç	Q	F	Q	A	C	I	S	Ú	M	T	N	S
B	O	N	D	A	D	E	C	Ç	H	P	Q	H	J	A	I
P	N	D	I	R	H	I	E	S	G	O	I	Q	Q	T	L
B	E	Q	C	O	O	L	I	O	U	Ã	J	W	K	U	Ê
J	H	R	P	Ç	U	U	T	T	I	D	A	E	P	R	N
C	T	S	S	B	O	Q	A	N	X	I	H	L	A	E	C
F	L	G	Ç	P	C	V	Ç	E	L	T	F	L	Z	Z	I
E	L	A	T	N	E	M	Ã	M	H	A	A	Ç	Ç	A	O
L	C	Z	R	T	W	C	O	A	P	R	E	N	D	E	R
I	A	U	Y	E	U	Y	T	N	A	G	Z	B	J	M	Z
C	L	K	A	J	Z	W	X	I	P	T	Y	L	N	E	J
I	M	U	Y	V	I	A	Z	S	V	X	E	V	Q	N	Q
D	O	B	U	E	G	N	V	N	D	A	B	N	Q	T	Z
A	W	I	B	W	K	J	E	E	J	J	Y	V	Ç	E	H
D	C	O	M	P	A	I	X	Ã	O	S	V	W	K	Ã	T
E	F	P	E	N	S	A	M	E	N	T	O	S	H	M	O

ACEITAÇÃO
ATENÇÃO
GRATIDÃO
BONDADE
PAZ
PENSAMENTOS
MENTAL
FELICIDADE
CLAREZA
ENSINAMENTOS
APRENDER
COMPAIXÃO
MÚSICA
NATUREZA
PERSPECTIVA
CALMO
SILÊNCIO
MENTE

5 - Archäologie

N	W	Z	E	S	Q	U	E	C	I	D	O	E	N	W	B
C	I	V	I	L	I	Z	A	Ç	Ã	O	D	I	R	A	T
X	D	E	S	C	O	N	H	E	C	I	D	O	M	A	O
L	Ç	G	F	W	J	O	P	P	W	O	E	Z	K	N	J
Z	Ç	G	R	F	C	L	Ç	R	B	H	U	S	F	Q	Y
Ç	D	V	G	O	I	R	É	T	S	I	M	O	X	U	K
L	D	V	D	E	D	A	D	I	U	G	I	T	N	A	F
T	E	M	P	L	O	A	I	U	Q	Í	L	E	R	A	Ó
V	T	Y	P	V	E	W	G	B	Ç	P	J	J	E	N	S
E	S	V	Y	Y	D	W	M	I	Q	H	L	B	Q	Á	S
D	E	S	C	E	N	D	E	N	T	E	P	O	U	L	I
R	E	O	T	Ú	M	U	L	O	I	S	I	V	I	I	L
G	H	S	C	N	L	G	I	O	S	I	E	U	P	S	R
X	W	S	P	R	O	F	E	S	S	O	R	V	E	E	N
H	K	O	A	V	A	L	I	A	Ç	Ã	O	K	N	G	L
E	S	P	E	C	I	A	L	I	S	T	A	B	U	I	X

ANÁLISE
ANTIGUIDADE
AVALIAÇÃO
ERA
ESPECIALISTA
INVESTIGADOR
FÓSSIL
MISTÉRIO
TÚMULO
OSSOS
EQUIPE
DESCENDENTE
OBJETOS
PROFESSOR
RELÍQUIA
TEMPLO
DESCONHECIDO
ESQUECIDO
CIVILIZAÇÃO

6 - Gesundheit und Wellness #1

M	J	K	F	S	S	H	Z	I	N	I	W	S	C	D	R
H	É	T	A	Z	Q	O	Á	R	H	N	X	E	L	E	P
Ç	U	D	T	T	F	P	G	B	I	H	X	F	Í	H	M
E	A	N	I	C	I	D	E	M	I	Q	Y	A	N	O	P
Q	X	W	Y	C	G	H	U	N	B	T	R	R	I	R	X
V	O	I	S	Q	O	Q	C	D	M	N	O	M	C	M	X
O	V	I	T	A	L	T	U	R	A	E	L	Á	A	O	H
N	A	S	R	O	T	U	O	D	L	R	X	C	I	N	Q
N	V	O	A	R	U	T	A	R	F	V	R	I	P	E	E
T	R	S	T	I	O	A	G	Ç	Z	O	U	A	A	S	D
F	E	S	A	O	R	C	H	K	E	S	C	Y	R	U	I
K	F	O	M	R	Y	É	U	U	Ç	O	D	J	E	R	K
V	L	B	E	M	O	F	T	B	A	Z	Y	G	T	Í	I
A	E	I	N	W	N	D	Ç	C	Y	Ç	R	E	A	V	O
B	X	O	T	N	E	M	A	X	A	L	E	R	C	B	F
R	O	U	O	R	Ç	P	Q	G	L	B	K	F	G	N	K

ATIVO
FARMÁCIA
DOUTOR
BACTÉRIAS
TRATAMENTO
RELAXAMENTO
FRATURA
HÁBITO
PELE
HORMONES

ALTURA
FOME
CLÍNICA
OSSOS
MEDICINA
MÉDICO
NERVOS
REFLEXO
TERAPIA
VÍRUS

7 - Obst

P	M	T	X	L	C	O	I	K	Ç	W	F	I	S	R	I
S	A	A	G	A	B	A	Ç	Z	P	Ê	S	S	E	G	O
F	Ç	X	B	A	M	O	R	A	C	O	C	O	L	J	C
D	Ã	D	Y	A	Z	L	C	U	V	A	J	E	R	E	C
B	A	M	N	F	C	O	C	O	W	Y	E	W	D	W	Q
A	J	M	S	T	J	A	F	R	A	M	B	O	E	S	A
N	A	O	A	R	U	V	T	N	L	S	Y	Q	L	S	P
A	M	U	G	S	Z	C	S	E	L	A	R	A	N	J	A
N	A	Z	P	T	C	D	J	B	G	Ç	A	Q	W	Q	T
A	E	J	Y	M	T	O	Ã	M	I	L	M	S	D	Y	M
N	E	C	T	A	R	I	N	A	Q	M	E	S	R	R	W
G	R	M	D	N	Y	A	W	Z	P	C	I	V	M	F	Y
H	T	Y	R	M	A	M	Ã	O	P	P	X	U	M	L	J
V	I	J	U	B	A	S	U	V	K	E	A	Y	T	G	U
Ç	I	D	Z	M	E	L	Ã	O	M	Y	R	B	R	Q	E
A	B	A	C	A	X	I	W	I	K	P	E	A	E	S	A

ABACAXI
MAÇÃ
DAMASCO
ABACATE
BANANA
BAGA
PERA
AMORA
FRAMBOESA
CEREJA
KIWI
COCO
MELÃO
NECTARINA
LARANJA
MAMÃO
PÊSSEGO
AMEIXA
UVA
LIMÃO

8 - Einwanderung

K	S	M	A	D	M	I	N	I	S	T	R	A	Ç	Ã	O
D	M	Z	O	S	S	E	C	O	R	P	I	Ç	Z	R	G
L	A	E	Ã	C	O	M	U	N	I	C	A	Ç	Ã	O	M
O	U	S	Ç	S	H	H	H	A	S	O	T	L	U	D	A
Ã	A	S	U	Q	P	X	M	T	A	Z	U	O	V	X	I
Ç	V	E	L	A	I	K	O	Ã	Ç	A	T	I	B	A	H
A	P	R	O	V	A	Ç	Ã	O	N	R	V	E	H	D	M
I	A	T	S	X	I	O	G	K	A	P	P	L	E	U	V
C	W	S	V	I	C	H	C	P	I	S	R	S	T	J	E
O	Ç	E	Q	C	T	K	U	N	R	W	P	L	L	A	L
G	K	P	J	Q	N	U	G	Q	C	O	K	H	M	N	A
E	L	Í	N	G	U	A	A	L	I	W	T	B	C	W	I
N	V	Q	J	J	S	W	K	Ç	D	R	X	E	B	N	C
A	U	H	B	U	D	J	J	N	Ã	P	G	Z	Ç	Ç	I
F	R	O	N	T	E	I	R	A	S	O	W	X	B	Ã	F
F	I	N	A	N	C	I	A	M	E	N	T	O	A	X	O

ADULTOS
FINANCIAMENTO
PRAZO
HABITAÇÃO
APROVAÇÃO
LEI
FRONTEIRAS
AJUDA
CRIANÇAS
COMUNICAÇÃO
SOLUÇÃO
OFICIAL
PROCESSO
PROTEÇÃO
SITUAÇÃO
LÍNGUA
ESTRESSE
NEGOCIAÇÃO
ADMINISTRAÇÃO

9 - Universum

O	G	T	Ç	O	M	O	N	Ô	R	T	S	A	Y	B	E
I	K	A	C	É	U	R	E	W	T	E	K	Z	L	H	Q
C	G	I	L	F	T	G	G	Ç	X	L	H	B	J	S	U
Í	U	X	H	Á	M	P	S	N	M	E	O	W	A	Ó	A
T	Ç	C	T	L	X	Z	A	L	Y	S	R	E	N	R	D
S	R	C	Z	E	A	I	V	U	R	C	I	T	K	B	O
L	P	E	P	K	D	T	A	A	O	Ó	Z	H	C	I	R
O	E	D	V	K	L	I	I	V	F	P	O	E	E	T	A
S	K	U	G	A	Ç	G	M	T	R	I	N	M	O	A	S
J	H	T	I	Q	S	U	O	O	U	O	T	I	N	N	T
O	C	I	M	S	Ó	C	N	C	G	D	E	S	G	P	E
L	G	G	Q	P	J	O	O	A	G	P	E	F	A	C	R
R	I	N	Ç	F	M	P	R	Í	J	J	Q	É	E	C	Ó
U	U	O	I	X	J	X	T	D	K	I	J	R	K	P	I
S	I	L	A	R	E	F	S	O	M	T	A	I	F	G	D
V	I	S	Í	V	E	L	A	Z	T	V	S	O	F	D	E

ASTERÓIDE
ASTRÔNOMO
ASTRONOMIA
ATMOSFERA
EON
EQUADOR
LATITUDE
TREVAS
GALÁXIA
HEMISFÉRIO
CÉU
HORIZONTE
CÓSMICO
LONGITUDE
LUA
ÓRBITA
VISÍVEL
SOLSTÍCIO
TELESCÓPIO
ZODÍACO

10 - Camping

M	H	D	G	V	M	J	Á	Q	N	B	C	O	G	L	K
W	O	G	A	L	A	F	R	E	Ç	Ú	E	O	X	U	U
E	G	N	A	S	P	U	V	T	E	S	H	F	R	A	É
I	O	I	T	I	A	Q	O	E	M	S	T	N	N	D	P
N	F	M	S	A	I	T	R	N	W	O	D	Y	B	F	A
S	U	A	E	M	N	V	E	D	Y	L	B	Ç	A	L	H
E	E	C	R	I	U	H	S	A	T	A	Ç	A	C	X	C
T	M	A	O	N	A	C	A	N	A	T	U	R	E	Z	A
O	M	V	L	A	A	V	E	N	T	U	R	A	T	N	Y
T	L	L	F	L	S	M	P	T	R	C	Ç	M	P	U	F
W	W	L	F	I	X	N	C	E	E	E	S	O	B	L	F
T	C	T	U	W	V	S	O	M	E	B	T	Z	X	C	Ç
C	A	B	I	N	E	E	Q	Y	M	W	N	N	X	N	Y
S	H	B	C	M	K	V	L	B	M	D	M	E	A	G	X
H	N	S	E	J	C	V	J	Y	Z	Y	Z	R	S	L	J
R	C	Q	T	D	M	M	P	I	N	T	N	B	Ç	I	C

AVENTURA
ÁRVORES
MONTANHA
FOGO
MACA
CHAPÉU
INSETO
CAÇA
CABINE
CANOA
MAPA
BÚSSOLA
LANTERNA
LUA
NATUREZA
LAGO
CORDA
ANIMAIS
FLORESTA
TENDA

11 - Zeit

B	Z	G	R	U	Y	Y	H	O	M	M	I	L	Ç	K	D
M	I	N	U	T	O	P	O	I	G	Ó	L	E	R	D	E
O	N	T	E	M	O	U	J	R	S	P	Q	Z	G	Y	P
M	E	I	O	D	I	A	E	Y	R	M	O	O	J	A	O
F	T	O	U	N	X	M	N	Ç	T	G	L	O	A	G	I
U	I	A	N	T	E	S	A	A	A	N	U	A	L	O	S
T	O	D	I	M	Ê	S	R	N	M	A	C	B	Y	R	D
U	N	A	U	D	M	J	O	I	H	E	É	X	P	A	W
R	I	C	Z	Q	C	Z	H	K	A	Ã	S	Y	L	F	S
O	U	É	A	U	Q	O	I	U	L	C	J	A	U	O	U
N	Z	D	K	N	O	Q	H	K	L	Ç	U	B	V	I	S
T	G	K	C	Ç	I	Y	L	B	Q	L	O	N	I	N	T
K	L	S	N	A	M	T	H	I	W	W	X	S	E	D	J
Y	G	W	E	N	K	T	Ç	W	G	O	C	V	L	W	L
M	Q	I	R	O	I	R	Á	D	N	E	L	A	C	F	N
G	U	M	Y	Y	B	N	J	M	R	M	H	P	Ç	F	R

ONTEM
HOJE
ANO
SÉCULO
DÉCADA
ANUAL
AGORA
CALENDÁRIO
MINUTO
MEIO-DIA
MÊS
MANHÃ
DEPOIS
NOITE
HORA
DIA
RELÓGIO
ANTES
SEMANA
FUTURO

12 - Säugetiere

N	P	L	L	F	E	E	B	C	O	I	O	T	E	R	H
T	G	P	A	G	F	V	P	J	N	K	Q	Z	P	G	Q
P	B	I	L	B	A	G	O	R	I	L	A	E	I	J	K
E	K	L	V	K	R	C	O	F	R	P	P	B	Ç	E	P
J	I	G	O	M	E	W	B	F	D	Ç	A	R	Q	J	L
O	I	O	I	J	T	J	L	Z	I	T	D	A	G	D	T
D	J	Ç	O	R	N	E	S	A	I	Z	Y	C	Y	T	T
J	E	U	B	D	A	T	L	L	L	M	N	X	A	H	I
O	R	U	O	T	P	F	T	E	R	A	P	O	S	A	G
V	B	A	L	E	I	A	A	U	F	F	T	Ç	C	S	R
E	R	A	T	O	C	A	C	A	M	A	W	X	I	Q	E
L	Z	D	H	L	K	Y	U	R	U	G	N	A	C	F	W
H	L	V	V	A	P	A	N	U	Ç	R	O	T	S	A	C
A	T	J	Z	V	P	B	C	C	V	W	Ã	L	E	B	C
T	D	F	Z	A	T	M	Ç	P	Ã	T	E	A	O	S	L
U	R	S	O	C	Ç	L	N	Q	S	O	L	U	U	O	P

MACACO
URSO
CASTOR
ELEFANTE
RAPOSA
GIRAFA
GORILA
CÃO
CANGURU
COIOTE
LEÃO
PANTERA
CAVALO
RATO
OVELHA
TOURO
TIGRE
BALEIA
LOBO
ZEBRA

13 - Algebra

W	S	L	X	L	V	W	M	T	C	R	M	F	Q	O	V
T	D	U	C	I	C	W	H	P	V	I	A	Ó	Ç	N	Z
O	S	E	T	N	E	O	P	X	E	N	T	R	M	O	P
V	Q	A	U	E	U	A	P	X	E	F	R	M	R	X	K
T	A	W	I	A	H	H	V	J	Q	I	I	U	A	I	A
C	S	R	R	R	O	T	A	F	U	N	Z	L	C	R	R
D	Q	U	I	E	R	V	F	A	A	I	I	A	I	V	U
O	Y	Z	B	Á	S	K	J	Q	Ç	T	Z	O	F	T	B
W	L	P	Q	T	V	O	F	E	Ã	O	Ç	Q	I	C	I
P	S	A	K	W	R	E	L	Z	O	Ã	Ç	U	L	O	S
F	R	A	Ç	Ã	O	A	L	V	R	D	M	G	P	S	C
P	Z	H	E	Z	R	W	Ç	O	E	U	I	M	M	L	W
U	K	R	Ç	Y	E	Q	Y	Ã	Z	R	Z	W	I	A	M
S	O	M	A	A	M	E	L	B	O	R	P	D	S	F	Q
T	R	B	K	U	Ú	A	D	I	A	G	R	A	M	A	Q
Z	O	F	X	S	N	Q	U	A	N	T	I	D	A	D	E

FRAÇÃO
DIAGRAMA
EXPOENTE
FATOR
FALSO
FÓRMULA
EQUAÇÃO
LINEAR
RESOLVER
SOLUÇÃO
MATRIZ
QUANTIDADE
ZERO
NÚMERO
PROBLEMA
SUBTRAÇÃO
SOMA
INFINITO
VARIÁVEL
SIMPLIFICAR

14 - Philanthropie

F	C	Q	F	G	P	S	A	Ç	N	A	I	R	C	H	N
R	V	F	R	J	Ú	V	O	Ç	E	T	G	V	L	O	F
H	P	C	A	Z	B	Q	C	O	C	V	E	K	M	N	B
D	U	S	I	W	L	E	B	I	E	N	N	P	S	E	B
C	O	M	U	N	I	S	A	O	S	S	E	P	C	S	C
V	O	A	A	E	C	Z	J	X	S	D	R	C	G	T	O
M	L	M	R	N	O	Ã	S	S	I	M	O	A	G	I	N
U	X	S	U	J	I	I	O	G	D	N	S	R	R	D	T
L	R	V	P	N	E	D	N	Z	A	K	I	I	U	A	A
J	R	Z	X	K	I	W	A	J	D	F	D	D	P	D	T
W	X	S	Z	J	B	D	L	D	E	I	A	A	O	E	O
P	F	H	S	I	N	V	A	H	E	N	D	D	S	M	S
F	U	N	D	O	S	Y	B	D	Y	A	E	E	Z	D	N
P	C	K	W	B	A	G	O	C	E	N	F	K	L	S	X
E	H	F	J	Z	T	Ç	L	V	H	Ç	L	F	V	A	S
P	P	R	U	I	F	J	G	M	H	A	B	G	B	S	C

NECESSIDADE
HONESTIDADE
FINANÇA
COMUNIDADE
GLOBAL
GENEROSIDADE
GRUPOS
CRIANÇAS
CONTATOS
PESSOAS
HUMANIDADE
MISSÃO
FUNDOS
CARIDADE
PÚBLICO
DOAR

15 - Diplomatie

C	I	N	T	E	G	R	I	D	A	D	E	K	T	H	S
B	O	Ã	S	S	U	C	S	I	D	Z	U	V	K	U	V
T	C	N	D	I	P	L	O	M	Á	T	I	C	O	M	W
J	R	S	S	O	Ã	D	A	D	I	C	D	B	I	A	P
U	E	A	H	U	E	M	B	A	I	X	A	D	A	N	O
S	M	U	T	L	L	C	S	E	G	S	H	C	Ç	I	L
T	B	G	Y	A	J	T	G	W	O	O	V	O	A	T	Í
I	A	N	Y	F	D	K	O	E	V	L	K	N	H	Á	T
Ç	I	Í	J	M	E	O	K	R	E	U	D	F	K	R	I
A	X	L	J	A	K	V	E	L	R	Ç	Ç	L	K	I	C
Y	A	L	W	W	M	Z	Y	M	N	Ã	Y	I	Ç	O	A
W	D	K	S	Z	V	D	D	T	O	O	Y	T	S	C	B
R	O	C	O	M	U	N	I	D	A	D	E	O	S	T	J
G	R	C	O	O	P	E	R	A	Ç	Ã	O	H	S	B	N
D	É	T	I	C	A	Ç	N	A	R	U	G	E	S	R	E
E	S	T	R	A	N	G	E	I	R	O	T	S	Q	A	K

ESTRANGEIRO
CONSULTOR
EMBAIXADA
EMBAIXADOR
CIDADÃOS
DIPLOMÁTICO
DISCUSSÃO
ÉTICA
COMUNIDADE
JUSTIÇA
HUMANITÁRIO
INTEGRIDADE
CONFLITO
SOLUÇÃO
POLÍTICA
GOVERNO
SEGURANÇA
LÍNGUAS
TRATADO
COOPERAÇÃO

16 - Astronomie

X	R	C	T	W	T	G	Ç	C	C	Y	D	A	A	D	S
A	S	T	E	R	Ó	I	D	E	K	D	Y	S	S	C	U
C	O	S	M	O	S	U	X	C	M	E	Ç	T	T	O	P
U	N	I	V	E	R	S	O	É	W	V	Y	R	R	M	E
Q	K	X	E	A	S	O	L	U	B	E	N	Ô	O	E	R
N	Y	P	N	F	L	G	U	N	J	O	A	N	N	T	N
O	I	P	Ó	C	S	E	L	E	T	S	A	O	A	A	O
V	A	Q	H	A	C	O	R	O	E	T	E	M	U	F	V
M	Q	H	W	D	H	Y	I	T	W	P	M	O	T	O	A
S	A	T	É	L	I	T	E	D	S	K	M	C	A	G	O
V	C	K	H	R	J	C	B	O	P	E	X	A	T	U	U
E	N	Q	C	N	B	U	Ç	N	U	I	V	Í	E	E	Z
X	S	B	A	P	C	I	M	H	A	X	K	D	N	T	L
C	O	N	S	T	E	L	A	Ç	Ã	O	A	O	A	E	U
G	T	E	R	R	A	Z	T	A	C	J	O	Z	L	K	A
O	B	S	E	R	V	A	T	Ó	R	I	O	F	P	F	T

ASTERÓIDE
ASTRONAUTA
ASTRÔNOMO
TERRA
CÉU
COMETA
CONSTELAÇÃO
COSMOS
METEORO
LUA
NEBULOSA
OBSERVATÓRIO
PLANETA
FOGUETE
SATÉLITE
ESTRELA
SUPERNOVA
TELESCÓPIO
ZODÍACO
UNIVERSO

17 - Ballett

A	R	T	Í	S	T	I	C	O	N	G	R	X	C	T	N
K	M	N	H	K	D	N	B	M	V	T	Z	I	I	V	V
Ç	C	F	A	A	V	I	G	L	C	I	F	U	T	O	Ç
E	D	F	Z	A	P	Ú	B	L	I	C	O	S	L	M	Z
D	J	F	A	B	X	P	P	Z	A	J	V	Y	D	D	O
A	V	G	Q	P	E	D	A	D	I	L	I	B	A	H	B
D	O	A	E	A	L	E	B	H	F	T	S	Q	N	G	A
I	O	B	O	G	L	A	X	Y	A	É	S	P	Ç	E	I
S	E	N	S	A	I	O	U	A	R	C	E	I	A	S	L
N	O	L	I	T	S	E	G	S	G	N	R	H	R	T	A
E	X	L	Z	Y	E	C	X	X	O	I	P	W	I	O	R
T	O	S	O	I	C	A	R	G	E	C	X	Q	N	M	I
N	K	H	V	Ç	I	V	S	H	R	A	E	X	O	Z	N
I	R	O	T	I	S	O	P	M	O	C	X	B	S	D	A
W	R	D	Q	Ç	S	O	L	U	C	S	Ú	M	U	M	K
O	R	Q	U	E	S	T	R	A	M	Ú	S	I	C	A	T

GRACIOSO
APLAUSO
EXPRESSIVO
BAILARINA
COREOGRAFIA
HABILIDADE
GESTO
INTENSIDADE
COMPOSITOR
ARTÍSTICO
MÚSICA
MÚSCULOS
ORQUESTRA
ENSAIO
PÚBLICO
RITMO
SOLO
ESTILO
DANÇARINOS
TÉCNICA

18 - Geologie

Á	C	I	D	O	Ã	S	O	R	E	F	Ó	S	S	I	L
X	E	T	Z	W	O	X	D	W	R	T	L	C	M	L	E
A	S	X	T	U	W	D	C	W	W	N	K	X	I	X	S
O	G	L	A	V	A	W	O	I	C	L	Á	C	N	C	T
X	J	E	A	O	N	W	N	E	U	C	W	R	E	C	A
Ç	A	S	Y	P	O	V	T	D	P	A	H	Q	R	W	L
J	U	C	Q	S	Z	P	I	U	Q	F	I	G	A	R	A
C	Z	H	L	R	E	Q	N	S	F	U	B	B	I	S	C
O	T	O	M	E	R	R	E	T	P	U	A	V	S	P	T
Z	Z	Q	O	T	B	H	N	Ç	E	N	N	R	C	N	I
S	A	L	A	R	O	C	T	Q	D	P	R	D	T	Y	T
P	D	T	W	A	Ç	B	E	X	R	L	E	X	I	Z	E
V	U	L	C	Ã	O	C	N	Q	A	A	V	B	Z	D	O
P	F	E	B	P	X	M	A	S	Y	T	A	W	Z	K	O
L	V	T	A	P	F	Ç	V	Z	Ç	Ô	C	W	B	T	P
E	S	T	A	L	A	G	M	I	T	E	S	Ç	W	R	S

TERREMOTO
EROSÃO
FÓSSIL
FUNDIDO
GEYSER
CAVERNA
CÁLCIO
CONTINENTE
CORAL
LAVA
MINERAIS
PLATÔ
QUARTZO
SAL
ÁCIDO
ESTALAGMITES
ESTALACTITE
PEDRA
VULCÃO
ZONA

19 - Wissenschaft

Q	B	K	K	E	Ç	D	D	H	L	D	A	Z	M	E	P
U	M	O	Z	D	D	A	R	D	A	R	T	P	O	V	L
Í	R	M	M	A	D	D	H	F	B	J	I	G	L	O	A
M	R	S	O	D	T	O	N	V	O	J	D	D	É	L	N
I	A	I	Ç	I	P	S	T	I	R	U	T	J	C	U	T
C	T	N	N	V	H	T	A	S	A	S	U	L	U	Ç	A
O	S	A	S	A	L	U	C	Í	T	R	A	P	L	Ã	S
Á	I	G	B	R	F	D	I	M	Ó	O	M	Q	A	O	N
F	T	R	V	G	P	I	S	É	R	O	I	Q	S	W	A
F	N	O	T	A	F	M	Í	T	I	V	L	Z	J	U	T
S	E	A	M	K	Ó	Q	F	O	O	N	C	K	J	O	U
U	I	B	Y	O	S	Z	A	D	J	W	K	S	M	D	R
U	C	Z	R	A	S	E	E	O	Z	C	B	M	M	E	E
Y	Ç	B	A	A	I	C	N	Ê	I	R	E	P	X	E	Z
Z	S	Y	O	C	L	M	I	N	E	R	A	I	S	B	A
H	I	P	Ó	T	E	S	E	L	A	M	P	O	N	P	Y

ÁTOMO
QUÍMICO
DADOS
EVOLUÇÃO
EXPERIÊNCIA
FÓSSIL
HIPÓTESE
CLIMA
LABORATÓRIO
MÉTODO
MINERAIS
MOLÉCULAS
NATUREZA
ORGANISMO
PARTÍCULAS
PLANTAS
FÍSICA
GRAVIDADE
FATO
CIENTISTA

20 - Bildende Kunst

W	P	C	K	K	E	G	A	E	T	E	L	A	V	A	C
I	E	R	I	O	S	I	R	M	S	M	M	R	R	R	E
H	R	I	B	O	C	Z	G	L	I	T	K	E	H	U	D
K	S	A	V	G	U	O	I	I	P	C	Ê	C	C	T	U
N	P	T	O	O	L	B	L	F	Á	T	S	N	A	E	A
R	E	I	H	J	T	R	A	V	L	L	D	A	C	T	G
I	C	V	C	D	U	A	C	I	M	Â	R	E	C	I	D
Z	T	I	A	V	R	P	R	U	X	I	G	I	Z	U	L
C	I	D	R	E	A	R	M	E	A	M	N	W	J	Q	C
A	V	A	V	R	F	I	A	M	T	U	Z	Q	F	R	U
N	A	D	Ã	N	A	M	T	R	F	R	C	R	X	A	Y
E	M	E	O	I	M	A	E	F	T	H	A	J	B	K	R
T	J	S	W	Z	C	I	O	F	D	I	I	T	R	D	W
A	I	F	A	R	G	O	T	O	F	M	S	O	O	F	P
P	I	N	T	U	R	A	C	W	I	V	R	T	R	M	A
V	Y	U	I	J	M	A	O	X	B	D	D	K	A	S	G

ARQUITETURA
LÁPIS
FILME
FOTOGRAFIA
PINTURA
CARVÃO
CERÂMICA
CRIATIVIDADE
GIZ
ARTISTA
VERNIZ
OBRA-PRIMA
PERSPECTIVA
RETRATO
ESTÊNCIL
ESCULTURA
CAVALETE
CANETA
ARGILA
CERA

21 - Sport

C	E	R	P	R	O	G	R	A	M	A	E	C	U	R	D
S	A	T	E	I	D	H	L	A	W	Z	Y	S	F	G	A
A	A	P	Y	S	E	T	R	O	P	S	E	H	I	Y	N
Ú	T	P	A	U	I	T	R	E	I	N	A	D	O	R	Ç
D	L	O	W	C	K	S	K	S	Z	W	C	Ç	E	N	A
E	E	O	P	X	I	W	T	O	S	S	O	S	H	U	N
L	T	O	P	K	Z	D	D	Ê	K	Ç	W	V	F	T	D
X	A	H	E	E	L	I	A	C	N	T	M	T	O	R	O
C	I	C	L	I	S	M	O	D	O	C	V	P	R	I	C
M	A	X	I	M	I	Z	A	R	E	R	I	M	Ç	Ç	D
M	E	T	A	B	Ó	L	I	C	O	U	P	A	A	Ã	U
M	Ú	S	C	U	L	O	S	E	Ç	Z	P	O	Z	O	U
O	B	J	E	T	I	V	O	B	Y	Ç	C	X	A	G	S
L	O	T	X	U	T	U	T	A	V	P	T	F	F	N	C
V	D	C	K	K	R	B	G	L	I	X	C	U	E	M	A
J	O	G	G	I	N	G	H	Ç	Z	W	E	Ç	R	H	A

ATLETA
RESISTÊNCIA
DIETA
NUTRIÇÃO
CAPACIDADE
SAÚDE
JOGGING
OSSOS
CORPO
MAXIMIZAR
METABÓLICO
MÚSCULOS
PROGRAMA
CICLISMO
ESPORTES
FORÇA
DANÇANDO
TREINADOR
OBJETIVO

22 - Mythologie

B	C	D	Ç	U	F	A	B	B	L	S	O	P	Z	L	L
Ç	I	E	H	O	P	I	T	É	U	Q	R	A	K	Q	A
L	Ú	S	J	Ã	R	R	T	K	Y	B	I	E	P	I	B
F	M	A	Z	Ç	H	T	H	L	M	O	R	T	A	L	I
O	E	S	G	A	H	S	S	E	A	G	H	T	Ç	H	R
R	S	T	G	I	Z	Z	Z	N	Q	A	M	V	N	F	I
Ç	T	R	E	R	E	S	R	D	O	P	Á	P	A	M	N
A	U	E	H	C	P	W	Ç	A	Q	M	G	Z	G	B	T
C	R	I	A	T	U	R	A	Ç	F	Â	I	X	N	Q	O
C	U	U	A	W	Ç	Y	Q	C	Q	L	C	Q	I	U	O
T	U	B	I	A	C	É	U	Y	V	E	O	S	V	C	N
O	Q	L	T	R	O	V	Ã	O	Y	R	H	E	R	Ó	I
C	I	V	T	I	M	O	R	T	A	L	I	D	A	D	E
E	K	X	E	U	W	Q	A	R	A	A	P	U	S	J	I
R	Q	K	K	O	R	I	E	R	R	E	U	G	B	H	X
H	O	T	N	E	M	A	T	R	O	P	M	O	C	Q	N

ARQUÉTIPO
RELÂMPAGO
TROVÃO
CIÚMES
HERÓI
CÉU
DESASTRE
CRIAÇÃO
CRIATURA
GUERREIRO
CULTURA
LABIRINTO
LENDA
MÁGICO
MONSTRO
VINGANÇA
FORÇA
MORTAL
IMORTALIDADE
COMPORTAMENTO

23 - Restaurant #2

O	W	F	A	N	H	Ç	O	B	O	Z	C	Q	T	S	K
O	V	I	T	I	R	E	P	A	L	M	O	Ç	O	O	F
P	E	I	X	E	S	G	E	G	U	A	U	G	Á	P	L
M	Q	S	A	I	R	A	I	C	E	P	S	E	J	A	S
Y	F	D	K	K	F	R	K	S	A	L	A	D	A	W	H
J	A	N	T	A	R	Ç	F	O	Ã	R	R	A	C	A	M
G	X	U	M	H	E	O	R	B	X	A	I	N	O	Q	Q
A	E	I	K	Y	H	M	U	O	O	E	B	E	E	R	K
R	X	V	A	E	L	L	T	N	Q	L	P	R	D	W	G
F	B	G	E	L	O	F	A	N	C	M	O	E	Ç	A	W
O	E	R	J	O	C	D	E	L	I	C	I	O	S	O	C
T	B	O	A	N	L	A	X	X	F	I	J	S	Y	B	Z
U	I	I	D	R	D	A	K	Y	C	L	U	U	U	E	U
K	D	F	B	S	U	U	A	Q	A	N	I	S	Z	X	T
C	A	N	R	J	L	O	U	A	R	N	I	R	F	W	U
L	E	G	U	M	E	S	P	I	G	A	D	B	U	R	I

JANTAR
GELO
PEIXE
FRUTA
GARFO
LEGUMES
BEBIDA
ESPECIARIAS
GARÇOM
DELICIOSO
BOLO
COLHER
ALMOÇO
MACARRÃO
SALADA
SAL
CADEIRA
SOPA
APERITIVO
ÁGUA

24 - Ökologie

I	Ç	Y	P	M	K	R	O	M	Q	A	L	N	Y	D	Ç
R	Y	B	C	Â	H	P	L	A	N	T	A	S	H	I	C
J	M	C	P	V	N	C	W	Ç	U	T	R	O	A	V	C
B	F	L	E	V	Á	T	N	E	T	S	U	S	B	E	O
L	V	A	C	E	S	X	A	S	T	O	T	R	I	R	M
S	P	B	H	G	A	M	Z	N	O	I	A	U	T	S	U
D	H	O	L	V	H	G	E	F	O	R	N	C	A	I	N
F	A	L	N	T	N	D	R	S	C	Á	O	E	T	D	I
S	L	G	Q	B	A	D	U	Q	L	T	T	R	A	A	D
E	W	O	Z	C	T	A	T	M	I	N	W	B	U	D	A
I	Q	K	R	P	N	W	A	A	M	U	G	P	F	E	D
C	W	T	H	A	O	H	N	V	A	L	M	F	A	Z	E
É	Z	X	J	W	M	U	W	U	Q	O	H	M	U	G	S
P	Z	O	Ã	Ç	A	T	E	G	E	V	J	V	N	V	O
S	O	B	R	E	V	I	V	Ê	N	C	I	A	A	J	M
E	M	A	R	I	N	H	O	W	Q	I	T	D	V	W	I

ESPÉCIES
MONTANHAS
SECA
FAUNA
FLORA
VOLUNTÁRIOS
COMUNIDADES
GLOBAL
CLIMA
HABITAT
MARINHO
SUSTENTÁVEL
NATUREZA
NATURAL
PLANTAS
RECURSOS
PÂNTANO
SOBREVIVÊNCIA
VEGETAÇÃO
DIVERSIDADE

25 - Schokolade

O	A	C	A	B	D	I	N	U	V	O	G	R	M	I	C
G	N	O	A	D	R	E	M	O	C	H	Q	E	E	E	A
L	T	C	P	I	R	D	L	T	U	N	C	C	X	D	R
L	I	O	V	F	B	A	A	I	H	A	V	E	Ó	P	A
A	O	T	B	Ç	R	D	N	R	C	M	K	I	T	S	M
T	X	S	P	V	E	I	A	O	G	I	B	T	I	Q	E
N	I	O	J	O	T	L	S	V	U	J	O	A	C	C	L
E	D	G	N	A	N	A	E	A	V	N	Z	S	O	A	O
Z	A	D	O	C	E	U	T	F	J	K	Q	N	O	L	G
N	N	J	Y	C	I	Q	R	K	J	D	Z	I	E	O	G
C	T	K	C	X	D	U	A	C	A	C	A	O	P	R	V
Ç	E	N	B	Q	E	F	A	M	C	R	Ç	D	H	I	I
W	Ç	B	F	U	R	A	H	L	O	K	Ú	N	S	A	H
J	K	F	R	U	G	Ç	Y	Y	R	R	C	E	X	S	N
A	J	D	E	I	N	Y	B	N	N	S	A	M	J	Q	Z
Z	B	L	W	E	I	M	X	Q	O	G	R	A	M	A	X

ANTIOXIDANTE
AROMA
AMARGO
AMENDOINS
COMER
EXÓTICO
FAVORITO
GOSTO
ARTESANAL
CACAU
CALORIAS
CARAMELO
COCO
DELICIOSO
PÓ
QUALIDADE
RECEITA
DOCE
AÇÚCAR
INGREDIENTE

26 - Boote

D	S	L	C	O	C	I	T	U	Á	N	L	T	D	J	O
Q	O	S	Z	I	C	J	Q	E	U	Q	A	I	A	C	N
L	T	B	X	R	B	E	L	R	I	J	G	S	D	N	D
Q	C	J	L	B	C	K	A	Z	V	T	O	R	A	D	A
N	Ç	A	C	C	D	L	C	N	A	W	L	N	G	B	S
T	H	J	D	Q	A	Y	E	J	O	Y	I	O	N	X	G
D	O	C	A	I	R	N	V	T	D	G	Y	R	A	X	T
Q	L	P	B	A	O	C	O	C	G	N	Ç	R	J	O	Q
U	R	D	H	T	C	F	X	A	V	E	L	E	I	R	O
D	Q	B	E	E	N	C	I	I	C	G	T	R	M	T	R
W	T	J	X	D	Â	D	M	Ó	N	H	U	E	O	G	C
L	Z	Y	W	Q	U	Q	Ç	B	A	L	S	A	T	B	E
T	R	I	P	U	L	A	Ç	Ã	O	C	K	E	O	O	Z
E	E	G	G	E	D	M	I	S	N	P	W	C	R	Y	B
O	R	D	C	O	R	D	A	L	M	J	U	J	A	I	P
U	N	M	A	S	T	R	O	S	J	G	U	X	M	G	J

ÂNCORA
BÓIA
TRIPULAÇÃO
DOCA
BALSA
JANGADA
RIO
CAIAQUE
CANOA
MASTRO
MAR
MOTOR
NÁUTICO
OCEANO
BOTE
LAGO
VELEIRO
CORDA
ONDAS
IATE

27 - Stadt

U	N	I	V	E	R	S	I	D	A	D	E	O	N	K	I
D	K	E	J	W	U	E	T	Ç	O	L	Ç	D	D	N	E
E	P	A	R	C	T	N	I	A	Q	U	S	A	C	T	M
S	A	C	I	N	Í	L	C	P	N	E	W	C	G	Q	F
T	D	M	C	I	N	E	M	A	T	S	I	R	O	L	F
Á	A	E	E	B	L	X	N	Q	T	U	V	E	R	E	S
D	R	R	S	I	A	I	P	Y	C	M	A	M	T	T	A
I	I	C	C	H	M	N	V	Y	O	P	C	R	A	O	L
O	A	A	O	G	Q	U	C	R	C	E	E	E	E	H	Ã
P	J	D	L	Y	V	I	H	O	A	N	T	P	T	Q	O
R	Q	O	A	U	J	X	G	U	N	R	O	U	A	N	K
M	V	U	G	A	L	E	R	I	A	O	I	S	B	O	J
J	B	F	F	A	R	M	Á	C	I	A	L	A	Z	R	H
R	E	S	T	A	U	R	A	N	T	E	B	Z	R	J	E
A	E	R	O	P	O	R	T	O	X	E	I	X	O	X	C
W	V	S	T	L	O	H	K	G	S	F	B	K	T	J	D

FARMÁCIA
BANCO
PADARIA
BIBLIOTECA
FLORISTA
LIVRARIA
AEROPORTO
GALERIA
HOTEL
CINEMA
CLÍNICA
MERCADO
MUSEU
RESTAURANTE
SALÃO
ESCOLA
ESTÁDIO
SUPERMERCADO
TEATRO
UNIVERSIDADE

28 - Bienen

E	A	T	U	R	F	V	I	P	B	H	P	S	H	K	D
C	S	E	R	O	L	F	I	L	E	A	Y	O	B	S	K
O	A	R	A	I	N	H	A	A	N	B	S	L	E	M	R
S	S	O	A	P	S	Z	Q	N	É	I	P	Ó	L	E	N
S	F	L	C	A	D	P	F	T	F	T	F	T	S	R	D
I	X	F	H	I	K	N	U	A	I	A	D	Y	Y	X	Y
S	I	N	S	E	T	O	K	S	C	T	I	S	S	Z	D
T	J	Q	V	X	Ç	S	U	I	O	A	V	C	M	E	W
E	E	A	C	O	L	M	E	I	A	Y	E	X	E	J	Q
M	W	N	R	F	U	M	A	Ç	A	G	R	H	X	R	T
A	Q	B	X	D	G	I	P	P	S	Q	S	Q	B	Z	A
Ç	Ç	D	W	A	I	H	C	T	W	L	I	Z	G	B	F
L	F	E	R	K	M	M	I	P	Q	F	D	G	P	A	S
U	E	E	E	E	D	E	R	Ç	O	L	A	H	Z	C	H
J	F	N	O	C	A	Q	G	J	V	I	D	K	X	Ç	B
F	Q	Q	Q	I	S	B	Z	M	L	L	E	O	C	T	M

COLMEIA
FLORES
FLOR
ASAS
FRUTA
JARDIM
MEL
INSETO
RAINHA
HABITAT
ECOSSISTEMA
PLANTAS
PÓLEN
FUMAÇA
ENXAME
SOL
DIVERSIDADE
BENÉFICO
CERA

29 - Wissenschaftliche Disziplinen

B	A	C	I	M	Â	N	I	D	O	M	R	E	T	J	C
L	I	N	G	U	Í	S	T	I	C	A	P	O	A	E	I
J	G	S	E	O	A	G	I	N	M	Z	M	U	I	C	N
X	O	O	C	E	S	E	M	A	C	B	M	N	G	O	E
F	L	C	H	X	T	O	U	R	C	A	T	S	O	L	S
I	O	I	V	B	R	L	N	Q	Z	I	X	G	L	O	I
S	C	O	M	I	O	O	O	U	O	G	M	P	O	G	O
I	I	L	B	O	N	G	L	E	O	O	I	Í	R	I	L
O	S	O	O	Q	O	I	O	O	L	L	R	A	U	A	O
L	P	G	T	U	M	A	G	L	O	O	I	S	E	Q	G
O	N	I	Â	Í	I	I	I	O	G	I	W	W	N	T	I
G	Z	A	N	M	A	W	A	G	I	B	S	K	J	Y	A
I	R	E	I	I	L	F	N	I	A	S	A	Z	L	N	M
A	X	T	C	C	E	G	Y	A	I	M	O	T	A	N	A
W	T	C	A	A	M	I	N	E	R	A	L	O	G	I	A
B	Z	D	E	R	D	M	P	M	E	C	Â	N	I	C	A

ANATOMIA
ARQUEOLOGIA
ASTRONOMIA
BIOQUÍMICA
BIOLOGIA
BOTÂNICA
QUÍMICA
GEOLOGIA
IMUNOLOGIA
CINESIOLOGIA
LINGUÍSTICA
MECÂNICA
MINERALOGIA
NEUROLOGIA
ECOLOGIA
FISIOLOGIA
PSICOLOGIA
SOCIOLOGIA
TERMODINÂMICA
ZOOLOGIA

30 - Vögel

E	Á	C	O	F	A	P	P	P	T	Q	Q	K	L	G	Z
L	G	O	T	L	C	X	E	F	A	Ç	R	A	G	Q	Z
U	U	R	U	A	V	P	L	T	O	V	R	O	C	O	B
H	I	U	C	M	V	S	I	P	E	U	Ã	V	H	P	S
G	A	J	A	I	D	Z	C	J	R	T	Q	O	C	U	C
C	A	A	N	N	Q	B	A	F	Z	R	E	O	N	U	Y
H	I	N	O	G	L	T	N	X	T	X	S	O	D	S	S
C	H	C	S	O	X	P	O	P	I	N	G	U	I	M	V
M	E	S	E	O	N	B	I	B	Ç	C	L	M	U	R	R
F	O	G	N	A	R	F	A	D	G	E	I	J	B	L	O
H	F	Q	O	H	Z	U	G	G	A	I	V	O	T	A	P
E	S	Q	B	N	V	T	A	I	B	Ç	H	X	M	Y	X
P	F	I	M	V	H	K	P	R	O	P	A	T	O	K	L
V	C	L	O	Z	W	A	A	P	A	R	D	A	L	Q	R
Ç	E	V	P	X	W	M	P	F	B	P	N	Z	N	I	J
P	P	Q	H	T	W	Z	U	Z	M	C	I	S	N	E	N

ÁGUIA
OVO
PATO
CORUJA
FLAMINGO
GANSO
FRANGO
CORVO
CUCO
GAIVOTA
PAPAGAIO
PELICANO
PAVÃO
PINGUIM
GARÇA
CISNE
PARDAL
CEGONHA
POMBO
TUCANO

31 - Biologie

S	I	M	B	I	O	S	E	N	P	C	É	L	U	L	A
Y	E	M	D	R	M	J	A	A	Z	L	F	H	E	R	G
S	A	N	O	M	R	O	H	T	K	I	A	N	S	Y	F
E	M	K	B	Y	G	L	P	U	P	T	C	N	E	I	Ç
O	O	Ã	Ç	A	T	U	M	R	A	P	O	Q	T	F	U
V	S	I	J	Ç	R	A	H	A	S	É	L	V	N	A	K
R	S	M	M	M	B	V	S	L	I	R	A	C	Í	E	S
E	O	D	O	W	A	M	I	Z	N	E	G	S	S	Ç	F
N	M	Ç	V	S	H	Y	J	B	A	V	É	Q	S	V	D
I	O	A	N	Í	E	T	O	R	P	O	N	Y	O	X	Y
W	R	P	M	T	T	S	P	P	S	L	I	H	T	M	H
J	C	D	Ç	Í	W	I	I	K	E	U	O	J	O	L	N
A	C	Y	K	Ç	F	B	E	X	Y	Ç	F	E	F	M	A
V	H	W	D	I	N	E	C	E	I	Ã	E	Ç	T	B	I
E	M	B	R	I	Ã	O	R	W	F	O	A	C	Ç	S	R
A	N	A	T	O	M	I	A	O	I	N	Ô	R	U	E	N

ANATOMIA
CROMOSSOMA
EMBRIÃO
ENZIMA
EVOLUÇÃO
HORMONA
COLAGÉNIO
MUTAÇÃO
NATURAL
NERVO
NEURÔNIO
OSMOSE
PLANTAS
FOTOSSÍNTESE
PROTEÍNA
RÉPTIL
MAMÍFERO
SIMBIOSE
SINAPSE
CÉLULA

32 - Garten

M	I	L	O	P	M	A	R	T	D	H	S	E	B	N	D
I	E	J	R	L	O	W	K	A	V	Z	D	O	A	H	Q
D	R	G	R	E	A	V	K	W	I	X	U	F	L	Ç	L
R	O	B	A	N	C	O	D	A	M	A	R	G	L	O	V
A	V	P	R	R	A	M	O	P	Ç	A	I	A	J	O	W
J	R	T	D	Q	A	J	Ç	M	A	N	B	G	P	I	R
I	Á	I	N	K	Ç	G	A	A	O	C	J	V	D	S	M
V	A	R	A	N	D	A	R	N	P	I	W	C	O	B	W
A	C	M	J	Ç	S	T	R	G	Á	N	H	J	V	J	U
A	R	B	U	S	T	O	E	U	J	H	G	Y	M	P	G
O	E	A	U	H	D	S	T	E	G	O	G	K	B	N	W
G	C	Ç	P	Y	B	X	A	I	R	H	A	J	T	X	S
A	A	L	F	X	K	H	A	R	A	M	A	C	A	Ç	E
L	M	Y	M	E	H	E	F	A	M	L	H	H	Z	D	V
D	M	D	U	K	S	K	Y	U	A	M	B	Ç	Z	E	O
F	Z	M	X	Q	U	C	N	U	H	V	B	W	S	W	O

BANCO
ÁRVORE
FLOR
SOLO
ARBUSTO
GARAGEM
JARDIM
GRAMA
MACA
POMAR
GRAMADO
ANCINHO
PÁ
MANGUEIRA
LAGOA
TERRAÇO
TRAMPOLIM
VARANDA
CERCA

33 - Antarktis

T	P	T	E	E	C	W	Ç	B	T	D	O	L	E	G	A
E	S	E	X	R	O	D	A	G	I	T	S	E	V	N	I
M	H	M	P	J	N	P	L	Z	M	L	O	N	B	P	F
P	L	P	E	X	T	T	Á	P	N	W	H	K	B	M	A
O	Ç	E	D	I	I	Q	Y	S	G	V	C	Z	S	H	R
C	T	R	I	P	N	P	W	V	S	S	O	O	V	N	G
I	I	A	Ç	R	E	E	O	Ã	Ç	A	R	G	I	M	O
F	U	T	Ã	E	N	N	T	G	S	T	R	R	D	R	P
Í	L	U	O	F	T	Í	J	N	E	Y	M	O	Y	H	O
T	S	R	J	T	E	N	H	H	E	L	Y	N	S	A	T
N	U	A	B	P	S	S	O	P	M	I	E	Á	G	U	A
E	Z	D	A	X	Ç	U	B	A	Í	A	B	I	I	I	Y
I	A	L	B	E	H	L	W	Y	H	F	P	M	R	M	J
C	Y	P	Ç	S	I	A	R	E	N	I	M	Z	A	A	V
C	O	N	S	E	R	V	A	Ç	Ã	O	T	U	L	Z	S
G	E	O	G	R	A	F	I	A	F	V	E	N	T	O	S

BAÍA
GELO
CONSERVAÇÃO
EXPEDIÇÃO
ROCHOSO
INVESTIGADOR
GEOGRAFIA
GELEIRAS
PENÍNSULA
CONTINENTE
MIGRAÇÃO
MINERAIS
TEMPERATURA
TOPOGRAFIA
AMBIENTE
PÁSSAROS
ÁGUA
TEMPO
VENTOS
CIENTÍFICO

34 - Fahren

T	A	Ç	L	O	K	O	D	E	W	C	R	L	P	P	C
T	R	I	M	I	M	B	O	T	E	O	A	I	O	A	N
N	T	A	B	D	Q	R	T	N	G	M	P	C	L	Z	G
K	A	Ç	N	A	R	U	G	E	S	B	I	E	Í	Ô	G
K	H	B	E	S	X	W	Y	D	X	U	D	N	C	N	Y
E	Y	Q	C	N	P	Ç	B	I	Y	S	E	Ç	I	I	N
T	Ç	Ç	L	C	Y	O	Z	C	M	T	Z	A	A	B	S
G	A	R	A	G	E	M	R	A	S	Í	P	J	E	U	Z
C	A	M	I	N	H	Ã	O	T	M	V	R	D	G	S	G
F	P	E	R	I	G	O	T	C	E	E	T	A	L	Á	C
R	A	E	O	D	I	Y	O	C	K	L	E	N	Ú	T	S
E	M	Ç	K	C	G	N	M	J	A	R	V	L	R	Q	S
I	Ç	O	T	R	Á	F	E	G	O	R	R	L	R	Y	M
O	D	A	D	I	U	C	J	X	E	Q	R	J	K	N	J
S	M	M	I	T	A	T	E	L	C	I	C	O	T	O	M
Q	U	P	A	G	I	K	Q	V	Q	P	Z	E	O	S	Ç

CARRO
FREIOS
COMBUSTÍVEL
ÔNIBUS
GARAGEM
GÁS
PERIGO
RAPIDEZ
MAPA
LICENÇA
CAMINHÃO
MOTOR
MOTOCICLETA
POLÍCIA
SEGURANÇA
TRANSPORTE
TÚNEL
ACIDENTE
TRÁFEGO
CUIDADO

35 - Physik

S	Q	U	Í	M	I	C	O	N	W	F	V	M	D	H	M
V	L	A	S	R	E	V	I	N	U	T	H	Z	Y	K	A
M	E	A	W	C	M	K	A	M	Q	C	L	I	K	O	G
O	D	L	S	O	F	J	Z	T	I	P	L	H	N	Ã	N
L	A	U	O	M	O	T	Á	I	T	A	H	E	J	Ç	E
É	D	M	A	C	Q	O	Q	Ç	H	L	F	Ç	A	A	T
C	I	R	C	A	I	C	N	Ê	U	Q	E	R	F	R	I
U	S	Ó	B	W	E	D	J	D	R	Z	A	O	Z	E	S
L	N	F	M	Ç	J	S	A	A	J	G	V	T	M	L	M
A	E	S	F	A	N	Q	W	D	Q	J	U	O	E	E	O
I	D	E	L	É	T	R	O	N	E	G	O	M	C	C	N
R	E	L	A	T	I	V	I	D	A	D	E	X	Â	A	G
P	A	R	T	Í	C	U	L	A	E	Q	W	H	N	Ç	L
W	Q	Y	P	R	F	Ç	T	T	B	G	B	M	I	O	V
E	X	P	E	R	I	Ê	N	C	I	A	Á	U	C	F	V
Y	A	N	Y	L	P	I	G	N	Ç	A	S	S	A	M	W

ÁTOMO
ACELERAÇÃO
CAOS
QUÍMICO
DENSIDADE
ELÉTRON
EXPERIÊNCIA
FÓRMULA
FREQUÊNCIA
GÁS
VELOCIDADE
MAGNETISMO
MASSA
MECÂNICA
MOLÉCULA
MOTOR
NUCLEAR
PARTÍCULA
RELATIVIDADE
UNIVERSAL

36 - Bücher

S	E	V	P	D	S	K	G	N	I	S	V	H	D	C	T
Q	Z	S	V	V	W	L	S	A	N	M	Y	I	U	O	J
I	S	Ç	C	Y	J	E	Z	R	V	M	O	S	A	N	Z
L	R	D	Ç	R	Q	F	X	R	E	G	C	T	L	T	A
P	O	E	M	A	I	V	F	A	N	Z	I	Ó	I	E	I
O	I	P	T	M	N	T	T	D	T	P	G	R	D	X	R
L	R	P	C	K	C	I	O	O	I	N	Á	I	A	T	Ó
Z	Á	É	P	I	C	O	G	R	V	J	R	C	D	O	T
A	R	U	T	N	E	V	A	Á	O	C	T	O	E	Y	S
G	E	N	J	P	M	N	B	Z	P	H	U	E	T	C	I
N	T	I	B	O	Ç	P	E	O	D	A	R	O	M	U	H
S	I	C	O	L	E	Ç	Ã	O	X	P	O	E	S	I	A
É	L	Ç	E	W	L	E	I	T	O	R	M	F	O	A	U
R	C	I	L	W	G	F	D	C	S	R	R	T	L	O	H
I	R	O	M	A	N	C	E	P	I	E	K	V	V	B	B
E	O	O	L	Ç	R	R	P	S	W	P	I	R	S	M	P

AVENTURA
AUTOR
DUALIDADE
ÉPICO
INVENTIVO
NARRADOR
POEMA
HISTÓRIA
ESCRITO
HISTÓRICO
HUMORADO
COLEÇÃO
CONTEXTO
LEITOR
LITERÁRIO
POESIA
ROMANCE
PÁGINA
SÉRIE
TRÁGICO

37 - Menschlicher Körper

H	X	S	J	Q	O	T	O	R	N	O	Z	E	L	O	Z
F	O	X	G	R	Y	B	Ã	D	S	H	H	S	G	L	B
Z	N	I	C	Z	Q	M	M	Q	F	H	U	L	C	E	X
M	F	F	L	G	S	X	N	F	S	M	X	K	E	V	C
S	A	N	G	U	E	V	Z	I	R	A	N	C	L	O	R
P	Ç	F	B	D	L	V	N	P	U	N	P	Q	E	T	J
E	A	I	X	E	A	B	F	I	N	D	H	U	P	O	I
R	R	I	T	D	A	X	O	L	W	Í	X	M	M	C	C
N	L	U	T	O	L	C	Q	C	Q	B	F	Z	W	L	O
A	P	T	C	A	B	E	Ç	A	A	U	G	N	Í	L	R
D	U	E	Ç	U	S	F	F	Z	J	L	J	O	O	V	A
A	R	Z	S	B	Z	H	R	Ç	R	A	A	R	R	M	Ç
T	N	F	W	C	E	G	Y	B	G	O	W	P	E	Ç	Ã
R	O	S	T	O	O	R	B	E	R	É	C	I	L	K	O
O	M	B	R	O	V	Ç	A	G	U	Q	N	W	H	R	B
D	T	T	A	L	K	G	O	X	I	E	U	Q	A	V	P

PERNA
SANGUE
COTOVELO
DEDO
CÉREBRO
ROSTO
PESCOÇO
MÃO
PELE
CORAÇÃO
MANDÍBULA
QUEIXO
JOELHO
TORNOZELO
CABEÇA
BOCA
NARIZ
ORELHA
OMBRO
LÍNGUA

38 - Agronomie

U	D	O	T	N	E	M	I	C	S	E	R	C	M	N	F
P	T	D	R	D	U	A	B	A	I	G	O	L	O	C	E
M	J	U	N	G	G	I	D	W	S	P	G	E	Q	K	R
V	R	T	Z	M	Â	C	R	U	R	A	L	G	J	Q	T
O	C	S	T	K	G	N	Q	C	K	U	T	U	N	T	I
W	O	E	F	O	S	Ê	I	R	Q	G	S	M	V	C	L
R	Ã	Ç	C	I	V	I	G	C	G	Á	J	E	V	M	I
Ç	Ç	A	X	R	H	C	W	Z	O	W	Z	S	Z	I	Z
S	U	S	T	E	N	T	Á	V	E	L	Z	I	S	Ç	A
D	D	A	S	O	B	Ç	O	Z	J	V	O	V	N	L	N
W	O	M	A	P	O	L	U	I	Ç	Ã	O	S	A	K	T
B	R	E	T	N	E	I	B	M	A	A	C	Z	B	X	E
B	P	T	N	T	V	P	U	G	E	N	E	R	G	I	A
F	K	S	A	Ç	A	G	R	I	C	U	L	T	U	R	A
Q	R	I	L	V	A	E	R	O	S	Ã	O	F	O	Z	G
U	F	S	P	V	D	S	R	Z	N	Q	L	Y	F	W	U

SOLO
FERTILIZANTE
ENERGIA
EROSÃO
LEGUMES
DOENÇAS
AGRICULTURA
RURAL
SUSTENTÁVEL
ORGÂNICO
ECOLOGIA
PLANTAS
PRODUÇÃO
ESTUDO
SISTEMAS
AMBIENTE
POLUIÇÃO
CRESCIMENTO
ÁGUA
CIÊNCIA

39 - Landschaften

G	V	O	P	M	L	A	G	O	N	A	T	N	Â	P	C
S	A	R	N	F	O	F	L	O	G	I	L	X	A	M	A
C	R	Z	D	Z	T	N	I	C	E	B	E	R	G	B	S
K	N	U	M	J	R	V	T	J	X	T	X	W	X	K	C
K	D	R	A	D	E	T	D	A	I	A	R	P	Q	H	A
P	E	N	Í	N	S	U	L	A	N	R	E	V	A	C	T
M	W	V	H	R	E	U	Z	S	Q	H	T	R	U	V	A
M	R	V	U	O	D	L	G	M	K	D	A	Z	B	I	I
X	O	S	I	Ç	Y	M	T	B	D	K	U	Q	I	S	K
G	Q	G	E	Y	S	E	R	R	A	M	O	E	X	W	A
W	E	R	H	L	U	C	S	I	S	Á	O	I	L	H	A
N	N	L	U	L	A	X	P	O	G	Q	Ã	V	N	K	W
F	B	E	E	J	Y	V	X	Z	G	Ç	C	F	A	P	M
H	M	E	X	I	T	U	N	D	R	A	L	Ç	I	R	F
F	K	U	I	Z	R	V	O	C	C	O	U	G	W	L	L
C	O	L	I	N	A	A	K	U	R	W	V	G	Y	I	U

MONTANHA
ICEBERG
RIO
GEYSER
GELEIRA
GOLFO
PENÍNSULA
CAVERNA
COLINA
ILHA
MAR
OÁSIS
LAGO
PRAIA
PÂNTANO
VALE
TUNDRA
VULCÃO
CASCATA
DESERTO

40 - Abenteuer

F	N	A	B	N	A	A	S	O	G	I	M	A	W	A	P
Y	W	O	S	L	Y	B	T	E	C	N	A	H	C	L	E
A	Ç	M	U	M	O	C	N	I	G	J	B	Y	R	E	R
B	E	L	E	Z	A	E	S	R	V	U	G	D	P	G	I
P	R	E	P	A	R	A	Ç	Ã	O	I	R	W	N	R	G
D	I	F	I	C	U	L	D	A	D	E	D	A	A	I	O
N	A	V	E	G	A	Ç	Ã	O	K	J	A	A	N	A	S
N	O	C	L	Q	N	A	T	U	R	E	Z	A	D	Ç	O
Z	O	F	J	W	M	K	L	U	O	A	Q	N	M	E	A
K	B	V	Ç	Q	I	T	I	N	E	R	Á	R	I	O	B
O	Z	C	O	E	X	C	U	R	S	Ã	O	K	O	Z	R
S	U	R	P	R	E	E	N	D	E	N	T	E	A	I	A
O	P	O	R	T	U	N	I	D	A	D	E	S	Y	K	V
D	E	S	T	I	N	O	X	S	I	U	O	D	B	B	U
M	T	V	I	A	G	E	N	S	V	C	I	U	C	V	R
L	J	T	T	I	T	V	A	J	E	K	P	T	J	B	A

ATIVIDADE
EXCURSÃO
CHANCE
ALEGRIA
AMIGOS
PERIGOSO
OPORTUNIDADE
NATUREZA
NAVEGAÇÃO
NOVO
VIAGENS
ITINERÁRIO
BELEZA
DIFICULDADE
SEGURANÇA
BRAVURA
INCOMUM
SURPREENDENTE
PREPARAÇÃO
DESTINO

41 - Flugzeuge

J	Ç	P	U	U	W	K	E	F	V	S	Y	H	A	K	H
B	S	C	N	M	D	K	S	B	F	Q	Z	I	T	U	A
P	I	L	O	T	O	Ã	L	A	B	I	Z	S	M	X	U
T	K	O	Ã	Ç	U	R	T	S	N	O	C	T	O	A	C
A	R	R	R	A	G	E	V	A	N	R	C	Ó	S	H	O
H	W	I	Q	H	V	A	L	T	U	R	A	R	F	F	M
F	E	E	P	X	É	E	T	E	M	P	O	I	E	Ç	B
C	M	G	G	U	N	L	N	V	S	M	W	A	R	D	U
I	O	A	L	É	L	A	I	T	H	J	B	A	A	E	S
D	T	S	W	C	I	A	I	C	U	N	X	T	W	S	T
G	O	S	O	M	G	Z	Ç	N	E	R	M	D	X	C	Í
G	R	A	Y	N	L	V	Z	Ã	Y	S	A	V	Ç	I	V
X	B	P	J	A	X	H	X	G	O	U	Y	Z	Z	D	E
Q	Y	L	T	U	R	B	U	L	Ê	N	C	I	A	A	L
H	I	D	R	O	G	Ê	N	I	O	P	A	Y	B	K	J
I	N	F	L	A	R	S	B	M	C	A	G	L	J	T	C

AVENTURA
DESCIDA
ATMOSFERA
INFLAR
BALÃO
COMBUSTÍVEL
TRIPULAÇÃO
HISTÓRIA
CÉU
ALTURA
CONSTRUÇÃO
AR
MOTOR
NAVEGAR
PASSAGEIRO
PILOTO
HÉLICES
TURBULÊNCIA
HIDROGÊNIO
TEMPO

42 - Haartypen

B	E	D	A	E	S	U	A	V	E	J	B	K	U	W	G
F	O	B	Z	E	N	H	W	I	M	A	R	R	O	M	F
W	D	G	G	C	S	C	B	P	R	A	T	A	M	A	W
C	A	R	E	C	A	O	A	Z	G	O	T	R	U	C	Y
A	Ç	G	K	H	Ç	Z	Z	R	I	G	L	N	S	J	U
F	N	H	O	O	N	G	N	S	A	C	K	O	V	A	F
Ç	A	P	Q	X	A	Z	I	A	K	C	D	I	C	E	D
G	R	N	R	U	R	Q	C	Y	X	D	O	R	I	O	L
R	T	A	I	E	T	A	S	E	P	W	D	L	Q	G	R
O	G	N	O	L	T	Q	R	O	V	F	A	E	A	U	L
S	O	H	C	A	C	O	Y	M	I	I	L	V	T	D	B
S	C	A	I	H	E	L	O	S	O	N	U	Á	W	Ç	O
O	N	R	X	N	C	Q	S	I	Ç	O	D	D	S	D	Y
K	A	I	G	T	F	U	E	T	R	Q	N	U	F	G	Q
F	R	P	A	Y	N	P	C	F	K	N	O	A	L	Z	W
L	B	G	A	W	Q	N	O	L	U	K	I	S	W	W	Ç

LOIRO
MARROM
GROSSO
FINO
COLORI
TRANÇADO
SAUDÁVEL
CINZA
CARECA
CURTO
LONGO
CACHOS
ENCARACOLADO
PRETO
PRATA
SECO
SUAVE
BRANCO
ONDULADO
TRANÇAS

43 - Essen #1

O	N	Z	V	H	E	U	M	A	X	W	V	M	P	G	Ç
J	M	A	L	I	F	C	W	A	Ç	Ú	C	A	R	G	I
X	Ç	O	G	N	A	R	O	M	W	A	N	A	D	K	Q
S	L	Ã	U	R	Y	W	J	Q	Ç	T	O	J	S	H	K
U	P	C	E	N	O	U	R	A	P	O	S	R	U	P	U
C	U	I	N	G	I	X	S	S	R	C	N	A	R	Q	Y
O	P	R	R	A	R	E	P	O	R	V	F	D	M	V	W
E	M	E	A	M	E	Ç	A	H	J	D	S	G	A	J	H
Z	R	J	C	E	T	I	E	L	C	A	N	E	L	A	S
C	M	N	O	N	K	W	R	A	A	L	P	S	O	Ç	A
H	S	A	J	D	C	E	X	S	M	S	É	R	B	D	L
B	S	M	N	O	E	S	P	I	N	A	F	R	E	W	A
M	N	Ç	Y	I	A	T	U	M	M	Z	A	U	C	R	D
F	A	D	S	M	T	D	F	B	C	B	C	Z	G	Z	A
X	B	S	Y	L	P	K	F	T	P	E	Ç	G	U	K	L
H	O	Ã	M	I	L	R	L	E	G	X	T	W	N	T	D

MANJERICÃO
PERA
MORANGO
AMENDOIM
CARNE
CAFÉ
CENOURA
ALHO
LEITE
NABO
SUCO
SALADA
SAL
ESPINAFRE
SOPA
ATUM
CANELA
LIMÃO
AÇÚCAR
CEBOLA

44 - Ethik

M	L	R	N	A	I	C	N	Ê	I	C	A	P	W	B	P
F	Y	E	Ç	M	N	O	B	V	S	T	X	R	L	E	X
B	N	A	Q	U	T	M	S	A	B	E	D	O	R	I	A
Q	Q	L	L	L	E	P	E	R	F	R	P	H	E	A	H
F	T	I	Z	E	G	A	R	E	D	A	M	O	J	L	U
E	Y	S	D	V	R	I	O	S	I	C	Q	N	K	T	M
T	T	M	Z	Á	I	X	L	P	P	I	D	E	V	R	A
B	O	O	N	O	D	Ã	A	E	L	O	I	S	O	U	N
H	O	L	T	Z	A	O	V	I	O	N	G	T	T	Í	I
L	E	N	E	A	D	Y	E	T	M	A	N	I	I	S	D
E	U	U	D	R	E	N	S	O	Á	L	I	D	M	M	A
S	O	U	Ç	A	Â	T	O	S	T	I	D	A	I	O	D
J	R	X	U	E	D	N	D	O	I	D	A	D	S	Q	E
Y	B	X	M	J	M	E	C	U	C	A	D	E	M	V	C
S	I	X	O	M	F	V	Y	I	O	D	E	T	O	N	P
F	I	L	O	S	O	F	I	A	A	E	U	A	B	M	H

ALTRUÍSMO
DIPLOMÁTICO
HONESTIDADE
BONDADE
PACIÊNCIA
INTEGRIDADE
HUMANIDADE
COMPAIXÃO
OTIMISMO
FILOSOFIA
RACIONALIDADE
REALISMO
RESPEITOSO
TOLERÂNCIA
RAZOÁVEL
SABEDORIA
VALORES
DIGNIDADE

45 - Gebäude

F	B	Z	S	E	D	R	G	H	I	O	M	Q	O	M	B
A	Z	J	X	M	R	Z	B	O	G	B	A	U	S	V	P
Z	R	K	C	B	N	P	C	S	A	S	F	S	S	J	U
E	F	U	O	A	M	N	F	P	R	E	A	U	U	E	C
N	R	T	Q	I	C	Z	J	I	A	R	H	P	N	T	U
D	W	T	B	X	D	U	V	T	G	V	X	E	I	E	H
A	K	F	V	A	M	Á	O	A	E	A	U	R	V	N	M
X	I	O	N	D	P	Z	T	L	M	T	S	M	E	D	V
R	C	T	O	A	L	O	C	S	E	Ó	H	E	R	A	R
C	E	L	E	I	R	O	C	R	E	R	O	R	S	K	Z
W	H	Q	T	M	N	P	Ç	I	Ç	I	T	C	I	H	X
T	X	K	E	T	O	R	R	E	N	O	E	A	D	V	T
N	M	Y	A	C	I	R	B	Á	F	E	L	D	A	G	Y
Ç	W	O	T	C	A	B	I	N	E	Q	M	O	D	V	X
E	U	G	R	E	B	L	A	G	G	H	U	A	E	N	C
Y	T	E	O	I	R	Ó	T	A	R	O	B	A	L	H	S

FAZENDA
EMBAIXADA
FÁBRICA
GARAGEM
ALBERGUE
HOTEL
CABINE
CINEMA
HOSPITAL
LABORATÓRIO
MUSEU
OBSERVATÓRIO
CELEIRO
ESCOLA
ESTÁDIO
SUPERMERCADO
TEATRO
TORRE
UNIVERSIDADE
TENDA

46 - Mode

O	O	X	J	D	X	W	Q	E	W	W	F	E	R	C	B
M	I	N	I	M	A	L	I	S	T	A	O	L	S	S	N
D	O	Z	U	O	D	O	A	M	E	D	Y	E	S	D	U
L	Y	Ç	R	D	N	T	R	L	O	F	P	G	W	M	Y
E	A	W	R	A	E	S	U	I	U	O	V	A	A	F	O
V	H	W	G	D	R	E	T	K	G	D	L	N	Z	T	U
Í	S	H	Ç	R	N	D	X	Y	B	I	O	T	Z	L	K
S	E	Õ	T	O	B	O	E	R	N	C	N	E	K	B	T
S	L	I	H	B	C	M	T	O	D	E	Ç	A	M	Y	V
E	P	R	Á	T	I	C	O	L	I	T	S	E	L	E	R
C	M	R	O	U	P	A	B	O	U	T	I	Q	U	E	J
A	I	C	Q	M	V	T	A	U	R	Z	V	X	J	M	V
G	S	A	C	O	N	F	O	R	T	Á	V	E	L	E	K
X	U	R	T	E	N	D	Ê	N	C	I	A	Z	X	J	J
B	K	O	N	R	E	D	O	M	Z	T	S	S	L	H	O
V	S	C	Ç	R	N	W	O	H	Ç	D	K	M	I	K	C

MODESTO
BOUTIQUE
SIMPLES
ELEGANTE
ACESSÍVEL
ROUPA
CONFORTÁVEL
MINIMALISTA
MODERNO
ORIGINAL
PRÁTICO
RENDA
BORDADO
ESTILO
TECIDO
BOTÕES
CARO
TEXTURA
TENDÊNCIA

47 - Angeln

M	K	Z	P	J	F	X	G	E	T	E	C	S	V	T	P
A	P	E	Y	W	Ç	Á	A	Q	I	T	M	F	Q	E	A
N	P	N	G	S	K	G	N	U	K	N	F	I	O	M	C
D	Y	T	K	J	H	U	C	I	H	V	A	G	F	P	I
Í	M	V	O	P	Ç	A	H	P	S	J	X	P	P	O	Ê
B	M	C	R	H	O	V	O	A	P	P	H	P	U	R	N
U	T	B	O	Q	S	U	C	M	E	D	J	J	Z	A	C
L	J	B	G	Z	A	W	R	E	P	R	A	I	A	D	I
A	Q	N	A	X	I	V	A	N	C	O	J	B	B	A	A
A	U	G	L	G	U	N	B	T	T	E	S	R	J	R	P
P	Ç	Z	W	U	Q	P	H	O	R	M	S	H	I	P	K
A	I	U	Ç	O	N	J	E	A	P	J	A	T	K	F	B
Ç	Z	P	E	C	Â	H	Z	S	R	U	A	V	A	O	M
N	E	K	G	N	R	I	O	B	O	N	A	E	C	O	U
Ç	Ç	W	Y	G	B	B	A	R	B	A	T	A	N	A	S
I	S	C	A	E	X	A	G	E	R	O	W	V	Z	Y	V

EQUIPAMENTO
BARCO
FIO
BARBATANAS
RIO
PACIÊNCIA
PESO
GANCHO
TEMPORADA
MANDÍBULA
BRÂNQUIAS
COZINHAR
CESTA
ISCA
OCEANO
LAGO
PRAIA
EXAGERO
ÁGUA

48 - Essen #2

A	O	O	K	U	F	P	Y	R	C	U	T	Q	T	C	A
I	O	G	U	R	T	E	F	S	I	L	O	C	Ó	R	B
N	I	I	C	G	D	R	A	Ç	Ç	H	M	Ç	H	M	U
T	V	R	U	Ç	A	R	F	O	H	C	A	C	L	A	M
B	B	T	Q	L	U	V	G	T	D	Q	T	G	Z	H	Ç
M	A	Ç	Ã	Ç	B	R	Q	E	C	N	E	P	K	B	P
S	W	P	C	I	A	M	N	V	Y	N	Ê	X	O	E	D
Q	W	N	C	O	G	U	M	E	L	O	I	M	Y	R	V
S	Q	X	Y	A	D	L	M	D	W	Ç	E	N	A	I	S
P	Y	V	Ç	B	A	N	A	N	A	A	G	X	S	N	Ç
U	P	U	I	H	S	Y	B	V	P	X	O	X	Z	G	I
Q	U	E	I	J	O	T	N	U	S	E	R	P	P	E	E
A	R	R	O	Z	K	V	C	E	R	E	J	A	I	L	J
P	E	I	X	E	Y	D	O	E	P	Ç	D	L	Q	A	B
C	H	O	C	O	L	A	T	E	Ã	W	F	B	I	N	N
A	O	I	Z	P	I	X	U	E	O	G	R	A	P	S	A

MAÇÃ
ALCACHOFRA
BERINGELA
BANANA
BRÓCOLIS
PÃO
OVO
PEIXE
IOGURTE
QUEIJO
CEREJA
AMÊNDOA
COGUMELO
ARROZ
PRESUNTO
CHOCOLATE
AIPO
ASPARGO
TOMATE
TRIGO

49 - Energie

A	I	R	T	S	Ú	D	N	I	G	Q	F	V	V	S	N
I	M	T	R	O	T	O	M	C	T	J	I	U	M	T	U
R	G	B	A	L	E	V	Í	T	S	U	B	M	O	C	C
E	A	N	I	L	O	S	A	G	E	P	F	P	I	C	L
T	I	O	D	E	E	C	E	M	Y	T	B	O	N	A	E
A	P	T	W	V	N	L	A	S	R	C	G	L	Ê	R	A
B	O	Ó	L	Á	L	T	É	L	S	C	B	U	G	B	R
Y	R	F	U	V	U	F	E	T	O	Q	J	I	O	O	I
H	T	Y	L	O	T	N	E	V	R	R	L	Ç	R	N	A
G	N	V	A	N	I	B	R	U	T	O	P	Ã	D	O	W
O	E	J	U	E	D	I	E	S	E	L	N	O	I	C	N
W	Z	P	E	R	E	L	É	T	R	I	C	O	H	Y	G
A	R	V	H	E	T	E	H	M	L	J	W	J	I	H	A
G	N	W	K	P	W	U	T	Q	B	A	Ç	I	T	R	S
W	K	I	E	Q	B	M	Y	R	Ç	A	R	B	Z	V	V
Z	Q	I	K	P	T	P	I	Z	T	F	O	A	Z	S	C

BATERIA
GASOLINA
COMBUSTÍVEL
DIESEL
ELÉTRICO
ELÉTRON
ENTROPIA
RENOVÁVEL
CALOR
INDÚSTRIA
CARBONO
MOTOR
NUCLEAR
FÓTON
SOL
TURBINA
AMBIENTE
POLUIÇÃO
HIDROGÊNIO
VENTO

50 - Familie

G	M	Ç	I	W	Q	Q	E	G	A	M	Y	G	O	N	S
T	V	D	E	A	G	O	T	Ç	C	G	L	V	Ç	Q	Ç
Q	O	L	Q	Ã	C	D	D	L	K	E	I	R	T	L	F
P	I	D	Q	Ç	M	A	T	E	R	N	O	Ã	M	R	I
A	X	D	W	S	K	S	I	K	Ç	J	M	F	C	L	L
I	N	U	O	N	I	S	V	T	O	Q	I	Ç	F	D	E
T	E	I	W	T	G	A	Ã	Ô	H	J	R	J	F	D	R
G	T	G	Z	Z	P	P	M	V	N	G	P	N	L	S	O
E	O	H	O	E	A	E	R	A	I	C	N	Â	F	N	I
S	I	L	F	O	T	T	I	H	R	A	Z	O	G	E	Z
P	T	V	N	G	E	N	I	L	B	I	X	G	A	Q	N
O	W	Y	A	I	R	A	A	I	O	Q	D	V	V	Z	H
S	Ç	X	R	Y	N	N	Ç	F	S	X	Q	O	Ó	H	D
A	Z	J	W	E	O	S	O	B	R	I	N	H	A	V	K
F	L	C	R	I	A	N	Ç	A	M	I	G	B	U	J	E
L	Z	N	I	L	W	M	P	A	W	B	X	Z	F	B	X

IRMÃO
ESPOSA
MARIDO
NETO
AVÓ
AVÔ
CRIANÇA
INFÂNCIA
MÃE
MATERNO
SOBRINHO
SOBRINHA
TIO
IRMÃ
TIA
FILHA
PAI
PATERNO
PRIMO
ANTEPASSADO

51 - Pflanzen

J	T	X	C	T	W	I	F	R	N	D	S	C	G	J	D
V	N	C	D	P	T	O	B	E	A	S	F	A	R	A	I
M	U	S	G	O	G	P	H	B	I	I	S	C	A	R	K
O	Ç	D	P	J	U	B	M	A	B	J	Z	T	M	D	F
N	N	V	G	B	Ç	M	P	G	Ç	H	Ã	O	A	I	O
T	W	T	T	P	R	F	J	A	T	E	S	O	Z	M	L
H	J	Ç	R	É	Ç	G	O	T	S	U	B	R	A	F	H
V	S	K	U	T	B	A	E	S	J	F	Y	I	S	L	A
L	E	J	V	A	Ç	T	V	E	A	H	E	R	A	O	G
U	R	G	M	L	J	I	D	R	X	L	Y	A	V	R	E
F	O	W	E	A	U	F	H	O	E	N	Q	R	U	N	M
F	V	X	T	T	Z	L	P	L	R	H	A	O	G	G	R
D	R	J	L	L	A	U	E	F	T	R	F	L	W	O	A
L	Á	H	A	E	L	Ç	N	I	Z	O	V	F	M	N	Y
A	X	C	Z	S	X	Q	Ã	N	N	F	V	P	D	Ç	V
B	P	A	C	I	N	Â	T	O	B	G	Q	O	A	C	X

BAMBU
ÁRVORE
BAGA
FLOR
PÉTALA
FEIJÃO
BOTÂNICA
ARBUSTO
HERA
FLORA
JARDIM
GRAMA
CACTO
ERVA
FOLHAGEM
MUSGO
VEGETAÇÃO
FLORESTA
RAIZ

52 - Kunst

X	A	A	D	K	Ç	P	E	Ç	Z	O	K	P	O	H	C
S	Í	M	B	O	L	O	E	X	E	F	N	G	D	O	O
H	A	C	C	T	J	I	T	S	P	Q	E	B	A	N	M
J	S	P	M	I	L	P	K	U	S	R	E	G	R	E	P
W	U	X	B	E	G	F	Z	Y	E	O	E	U	I	S	L
O	R	E	D	J	N	Ç	L	P	S	M	A	S	P	T	E
R	R	S	N	U	J	J	W	F	C	U	I	L	S	O	X
C	E	D	X	S	N	O	D	E	U	H	S	A	N	Ã	O
R	A	C	I	M	Â	R	E	C	L	R	E	N	I	Ç	O
I	L	C	T	A	J	A	V	V	T	E	O	I	R	I	X
A	I	X	O	L	J	J	I	N	U	T	P	G	H	S	Z
R	S	E	L	P	M	I	S	A	R	R	L	I	T	O	Q
Y	M	T	F	J	D	H	U	Z	A	A	D	R	H	P	T
M	O	O	S	X	Ç	N	A	E	J	T	N	O	N	M	A
Ç	G	D	Q	Y	Y	J	L	V	L	A	F	Q	P	O	M
P	I	N	T	U	R	A	S	E	D	R	M	R	R	C	N

EXPRESSÃO
HONESTO
SIMPLES
SUJEITO
PINTURAS
INSPIRADO
CERÂMICA
COMPLEXO
ORIGINAL
PESSOAL
POESIA
RETRATAR
CRIAR
ESCULTURA
HUMOR
SURREALISMO
SÍMBOLO
VISUAL
COMPOSIÇÃO

53 - Gewürze

Z	G	I	E	V	Q	B	Y	Q	M	F	R	H	V	U	F
U	E	S	E	E	N	R	Ç	B	O	I	U	Q	E	A	G
Ç	E	B	M	H	B	I	Q	X	S	D	M	N	U	C	N
A	D	A	C	S	O	M	Z	O	N	V	G	E	C	O	D
C	M	T	A	U	M	Ã	U	I	S	T	C	Z	C	H	G
L	C	N	R	W	O	E	R	B	I	G	N	E	G	X	O
A	U	E	I	V	M	C	Z	F	N	B	N	H	R	D	D
C	Y	M	L	S	A	S	P	C	A	N	E	L	A	G	E
I	W	I	R	A	D	A	A	A	L	Ç	A	L	H	O	Z
R	W	P	H	B	R	E	A	L	O	V	A	Z	X	X	A
P	D	L	K	O	A	J	M	K	B	V	A	T	J	D	I
Á	O	V	A	R	C	I	A	O	E	K	G	Q	Q	Z	Z
P	L	M	O	V	D	G	R	C	C	H	P	K	A	X	I
K	P	I	E	Q	X	Z	G	M	V	K	U	R	X	P	G
I	P	X	P	R	A	P	O	B	A	U	N	I	L	H	A
Ç	F	N	F	K	Z	Ç	U	I	S	O	Y	D	I	B	O

ANIS
AMARGO
CARIL
FUNCHO
SABOR
GENGIBRE
CARDAMOMO
ALHO
ALCAÇUZ
NOZ-MOSCADA
CRAVO
PÁPRICA
PIMENTA
AÇAFRÃO
SAL
AZEDO
DOCE
BAUNILHA
CANELA
CEBOLA

54 - Kreativität

C	N	E	I	M	P	R	E	S	S	Ã	O	E	I	A	F
G	L	D	W	D	Ç	D	D	U	K	R	Ã	S	N	U	D
S	U	A	P	J	K	W	A	E	G	O	Ç	P	T	T	L
B	D	D	R	M	I	P	D	G	B	Ã	A	O	U	E	W
Ç	E	I	S	E	Õ	S	I	V	A	Ç	S	N	I	N	Q
G	F	L	F	G	Z	P	S	C	Z	A	N	T	Ç	T	Y
Ç	L	A	O	A	F	A	N	N	F	N	E	Â	Ã	I	A
M	H	T	Ã	M	E	U	E	Ç	C	I	S	N	O	C	R
F	I	I	Ç	I	Ç	Z	T	H	W	G	U	E	E	I	T
Z	L	V	A	M	M	N	N	G	Z	A	Ç	A	K	D	Í
S	S	U	R	F	O	C	I	T	Á	M	A	R	D	A	S
K	Y	N	I	I	N	V	E	N	T	I	V	O	M	D	T
K	U	V	P	D	E	X	P	R	E	S	S	Ã	O	E	I
Z	Ç	O	S	B	E	D	A	D	I	L	I	B	A	H	C
H	R	I	N	O	C	Z	I	S	E	K	B	T	V	J	O
O	Z	V	I	S	E	N	T	I	M	E	N	T	O	S	Q

EXPRESSÃO
AUTENTICIDADE
IMAGEM
DRAMÁTICO
IMPRESSÃO
INVENTIVO
HABILIDADE
FLUIDEZ
SENTIMENTOS
INSPIRAÇÃO
INTENSIDADE
INTUIÇÃO
CLAREZA
ARTÍSTICO
IMAGINAÇÃO
SENSAÇÃO
ESPONTÂNEA
VISÕES
VITALIDADE

55 - Geschäft

L	I	N	V	E	S	T	I	M	E	N	T	O	D	E	S
F	U	O	R	Ç	A	M	E	N	T	O	Z	E	I	M	C
P	Ç	C	E	A	D	E	O	M	P	Z	T	Q	N	P	F
F	Ç	P	R	J	E	C	O	N	O	M	I	A	H	R	H
T	A	S	H	O	D	A	G	E	R	P	M	E	E	E	F
H	U	M	Ç	L	X	W	E	Z	T	S	B	L	I	G	E
C	A	R	R	E	I	R	A	J	I	N	X	J	R	A	T
G	I	T	F	T	X	O	C	M	H	U	E	K	O	D	R
S	R	V	Y	N	D	J	I	Z	Q	X	C	R	I	O	A
V	O	I	R	Ó	T	I	R	C	S	E	U	Y	E	R	N
E	D	T	W	U	S	G	B	A	G	V	S	E	R	G	S
N	A	J	S	E	R	S	Á	T	L	K	T	F	G	K	A
D	C	M	R	O	H	F	F	Q	F	E	O	P	N	M	Ç
A	R	F	N	F	P	D	E	S	C	O	N	T	O	Y	Ã
X	E	H	Q	S	D	M	T	E	C	I	E	V	U	U	O
L	M	P	R	E	N	D	I	M	E	N	T	O	U	G	W

EMPREGADOR
ORÇAMENTO
ESCRITÓRIO
RENDIMENTO
FÁBRICA
DINHEIRO
LOJA
LUCRO
INVESTIMENTO
CARREIRA
CUSTO
GERENTE
EMPREGADO
DESCONTO
IMPOSTOS
TRANSAÇÃO
VENDA
MERCADORIA
MOEDA
ECONOMIA

56 - Ingenieurwesen

E	S	T	R	U	T	U	R	A	O	X	G	E	M	Z	W
J	T	K	A	J	P	C	W	A	E	P	W	D	E	B	F
U	M	A	Z	K	A	S	O	X	I	E	J	A	D	F	X
M	B	M	G	J	N	T	B	N	K	F	S	D	I	S	O
X	F	A	H	F	I	S	U	U	S	W	O	I	Ç	D	O
C	P	R	O	P	U	L	S	Ã	O	T	Q	D	Ã	I	I
Á	M	G	R	R	Q	E	N	E	D	Ç	R	N	O	L	M
L	O	A	T	A	Á	S	E	S	K	V	P	U	C	N	R
C	T	I	E	Ç	M	E	G	A	L	Y	M	F	Ç	Z	F
U	O	D	M	S	T	I	A	C	A	I	Ç	O	D	Ã	E
L	R	X	Â	Z	O	D	N	N	G	Q	Y	R	Ç	Ç	O
O	H	H	I	X	M	T	E	A	F	M	O	P	Q	G	P
S	D	M	D	E	R	R	R	V	W	O	U	I	J	T	R
Â	N	G	U	L	O	I	G	A	I	G	R	E	N	E	H
L	Í	Q	U	I	D	O	N	L	P	M	L	Ç	N	S	Ç
L	M	Q	K	Q	B	E	E	A	Y	G	L	D	A	D	O

EIXO
PROPULSÃO
CÁLCULO
DIAGRAMA
DIESEL
DIÂMETRO
ENERGIA
LÍQUIDO
ENGRENAGENS
ALAVANCAS
CONSTRUÇÃO
MÁQUINA
MEDIÇÃO
MOTOR
FORÇA
ESTRUTURA
PROFUNDIDADE
ÂNGULO

57 - Kaffee

Q	B	Q	P	S	L	G	K	Ç	P	R	Ç	L	O	Z	Z
Y	E	A	U	G	Á	O	I	M	B	N	D	T	I	K	Ã
L	Y	A	M	O	R	A	R	T	L	X	N	Z	S	Ç	H
S	E	D	W	A	U	P	L	Í	Q	U	I	D	O	Z	N
A	D	I	W	N	R	H	S	O	V	U	R	C	O	P	A
B	A	B	T	Í	N	G	W	R	M	O	E	R	Ç	U	M
O	D	E	M	E	R	C	O	I	H	A	B	A	E	L	U
R	E	B	C	F	E	A	L	G	Z	S	C	C	R	R	Ç
H	I	Ç	R	A	Q	H	V	E	F	S	Q	Ú	P	E	X
M	R	W	U	C	D	H	F	M	P	A	C	Ç	R	G	F
A	A	C	X	E	A	I	V	I	Ç	D	Ç	A	A	E	L
Q	V	D	M	V	I	C	I	M	L	O	J	T	S	Q	S
S	Y	T	J	Z	C	C	G	Z	Ç	T	O	U	E	Q	S
A	M	N	D	J	B	A	J	W	Ç	E	R	C	Y	N	P
D	Y	U	K	H	L	V	T	W	B	R	X	O	K	B	E
Z	W	R	W	O	S	M	P	Z	O	P	M	U	S	R	V

AROMA
AMARGO
CREME
FILTRO
LÍQUIDO
ASSADO
SABOR
BEBIDA
CAFEÍNA
MOER
LEITE
MANHÃ
PREÇO
PRETO
COPA
ORIGEM
VARIEDADE
ÁGUA
AÇÚCAR

58 - Gemüse

G	G	I	S	O	G	M	R	D	G	Y	N	M	B	B	B
F	Q	R	G	E	S	P	I	N	A	F	R	E	J	O	T
T	U	I	E	C	J	O	V	O	I	D	H	M	C	M	N
J	S	Z	N	O	P	I	A	T	A	T	A	B	D	C	R
T	M	A	G	G	S	A	B	R	Ó	C	O	L	I	S	I
D	F	L	I	U	A	B	A	R	C	X	L	K	A	T	L
C	A	E	B	M	L	Ó	J	J	O	R	B	C	D	S	T
I	E	G	R	E	S	B	C	O	U	V	E	F	L	O	R
K	T	N	E	L	A	O	B	A	N	Z	I	Y	L	M	M
T	A	I	O	O	Z	R	E	D	A	L	O	B	E	C	N
X	M	R	H	U	Y	A	R	F	O	H	C	A	C	L	A
J	O	E	L	N	R	S	K	Q	G	G	L	V	U	E	X
C	T	B	A	X	A	A	D	M	N	Y	C	I	Y	D	V
L	H	A	Y	Y	S	O	M	Q	M	Z	F	L	V	G	B
P	E	P	I	N	O	I	M	P	M	L	L	O	E	R	Ç
P	F	H	M	V	X	N	E	W	N	G	B	I	U	S	E

ALCACHOFRA
BERINGELA
COUVE-FLOR
BRÓCOLIS
ERVILHA
PEPINO
GENGIBRE
CENOURA
BATATA
ALHO

ABÓBORA
OLIVA
SALSA
COGUMELO
NABO
SALADA
AIPO
ESPINAFRE
TOMATE
CEBOLA

59 - Schönheit

M	P	E	H	F	A	U	I	Ç	Q	Z	R	C	V	S	Ç
U	E	L	A	R	U	O	S	E	T	C	O	K	F	E	R
E	L	E	F	A	E	M	R	A	H	C	O	X	L	R	T
S	E	G	Q	G	S	O	H	C	A	C	M	R	K	V	T
P	Q	Â	U	R	T	V	Z	Ç	D	Q	O	B	E	I	Y
E	I	N	R	Â	I	J	O	E	C	P	S	K	J	Ç	C
L	Y	C	T	N	L	E	L	E	G	A	N	T	E	O	O
H	Ç	I	H	C	I	Y	K	Ç	S	U	A	V	E	S	S
O	O	A	O	I	S	B	A	T	O	M	Ç	R	O	I	M
H	C	F	X	A	T	F	Y	K	T	I	A	M	I	W	É
D	Y	Z	A	A	A	E	O	C	U	X	R	J	F	Y	T
Ó	L	E	O	S	M	Ç	Q	Z	D	G	G	T	S	E	I
N	A	R	X	G	A	P	F	P	O	H	L	M	N	R	C
Z	L	I	Q	Ç	Y	Y	U	F	R	R	Í	M	E	L	O
I	D	G	B	H	I	V	O	T	P	D	W	R	Q	W	S
F	O	T	O	G	Ê	N	I	C	O	I	L	N	O	Z	C

GRAÇA
CHARME
SERVIÇOS
FRAGRÂNCIA
ELEGANTE
ELEGÂNCIA
COR
FOTOGÊNICO
SUAVE
PELE

COSMÉTICOS
BATOM
CACHOS
ÓLEOS
PRODUTOS
TESOURA
XAMPU
ESPELHO
ESTILISTA
RÍMEL

60 - Tanzen

C	T	M	H	J	H	T	E	Ç	N	K	Q	Y	T	G	X
O	C	I	S	S	Á	L	C	I	U	X	W	S	F	V	E
R	R	A	R	P	N	Q	W	E	Ç	E	I	H	V	V	Y
E	R	G	E	L	A	C	A	F	E	M	O	Ç	Ã	O	O
O	P	R	O	C	E	X	P	R	E	S	S	I	V	O	X
G	G	L	R	M	Ç	M	O	V	I	M	E	N	T	O	Y
R	X	A	A	A	C	A	D	E	M	I	A	Ç	A	R	G
A	R	U	T	S	O	P	R	I	E	X	Z	D	R	M	C
F	C	S	L	K	T	E	J	C	U	N	Q	H	L	F	U
I	O	I	A	R	U	T	L	U	C	X	S	Y	K	Z	L
A	K	V	S	U	J	O	R	I	E	C	R	A	P	W	T
X	N	P	G	Ú	V	Ç	L	S	T	W	F	V	I	Ç	U
R	I	T	M	O	M	N	F	X	R	U	I	K	R	O	R
T	R	A	D	I	C	I	O	N	A	L	A	P	Q	U	A
N	B	Q	U	A	B	F	V	T	V	C	H	W	G	R	L
I	I	X	D	Y	Q	N	C	T	T	D	C	J	A	P	S

ACADEMIA
GRAÇA
EXPRESSIVO
MOVIMENTO
COREOGRAFIA
EMOÇÃO
ALEGRE
POSTURA
CLÁSSICO
CORPO
CULTURA
CULTURAL
ARTE
MÚSICA
PARCEIRO
ENSAIO
RITMO
SALTAR
TRADICIONAL
VISUAL

61 - Ernährung

C	A	L	O	R	I	A	S	G	D	A	R	N	R	A	L
P	R	O	T	E	Í	N	A	S	I	S	P	M	Ç	J	A
Ç	M	G	E	P	O	K	N	G	E	C	A	I	P	A	P
E	I	R	W	A	I	Ç	C	Q	T	N	D	B	I	W	E
P	W	A	N	X	Q	K	R	J	A	N	I	X	O	T	T
J	P	M	D	I	G	E	S	T	Ã	O	D	J	S	R	I
Y	M	A	N	I	M	A	T	I	V	U	E	Y	E	W	T
C	A	R	B	O	I	D	R	A	T	O	S	B	P	P	E
M	A	E	C	Ç	A	L	E	V	Á	D	U	A	S	M	D
F	E	R	M	E	N	T	A	Ç	Ã	O	O	X	T	O	A
H	C	N	D	S	E	T	N	E	I	R	T	U	N	L	D
M	A	Ç	J	S	A	U	M	Z	R	F	L	Q	K	H	I
N	A	X	X	A	Q	Ú	R	P	X	E	H	P	Z	O	L
V	P	Q	J	G	Ç	W	D	T	B	O	C	U	M	C	A
H	R	L	E	V	Í	T	S	E	M	O	C	E	J	G	U
E	Q	U	I	L	I	B	R	A	D	O	Ç	S	P	P	Q

APETITE
EQUILIBRADO
AMARGO
DIETA
COMESTÍVEL
FERMENTAÇÃO
SABOR
SAUDÁVEL
SAÚDE
CEREAL
PESO
CALORIAS
CARBOIDRATOS
NUTRIENTE
PROTEÍNAS
QUALIDADE
MOLHO
TOXINA
DIGESTÃO
VITAMINA

62 - Länder #1

A	I	D	N	Í	M	Y	R	A	H	F	F	I	V	V	K
L	I	V	L	O	A	G	E	U	R	O	N	S	I	W	Y
E	E	N	C	O	L	A	Y	R	V	H	Y	R	E	B	M
M	P	G	Ê	U	I	I	R	A	Q	U	E	A	T	R	V
A	H	F	I	M	L	Z	G	I	L	Ç	W	E	N	A	G
N	Q	C	Ç	T	O	C	A	N	A	D	Á	L	Ã	S	P
H	M	C	D	O	O	R	Q	D	K	P	D	K	U	I	O
A	S	E	N	E	G	A	L	I	T	Á	L	I	A	L	L
C	H	U	B	X	N	I	C	A	R	Á	G	U	A	W	Ô
A	I	N	Ô	T	E	L	V	P	Z	I	P	S	V	Y	N
M	H	C	A	Ç	N	K	R	T	G	Ç	F	Ç	V	W	I
B	L	J	R	P	V	F	X	L	B	F	K	F	M	J	A
O	O	J	W	F	S	W	F	I	N	L	Â	N	D	I	A
J	Y	D	V	E	N	E	Z	U	E	L	A	M	S	V	N
A	B	A	Q	V	P	E	Y	N	Z	Y	Z	U	M	K	J
U	H	V	W	M	U	T	O	T	Ç	U	F	B	Ç	Y	H

EGITO
BRASIL
ALEMANHA
FINLÂNDIA
ÍNDIA
IRAQUE
ISRAEL
ITÁLIA
CAMBOJA
CANADÁ
LETÔNIA
MALI
NICARÁGUA
NORUEGA
POLÔNIA
ROMÊNIA
SENEGAL
ESPANHA
VENEZUELA
VIETNÃ

63 - Technologie

P	J	C	T	D	S	A	K	E	Q	B	L	O	G	I	H
M	E	G	A	S	N	E	M	S	U	R	Í	V	H	N	C
Q	Y	S	O	U	L	N	F	T	H	Y	L	K	N	T	U
Ç	A	U	Q	F	G	Y	R	A	L	E	T	Z	I	E	I
C	Ç	Z	I	U	V	A	W	T	F	O	N	T	E	R	N
D	N	D	G	X	I	C	T	Í	H	R	Ç	O	F	N	R
D	A	R	Q	R	H	S	L	S	W	N	Z	R	X	E	M
P	R	D	W	R	O	D	A	T	U	P	M	O	C	T	E
Y	U	V	O	X	V	U	T	I	Z	G	P	D	P	B	V
P	G	X	Q	S	I	C	I	C	V	V	H	A	B	P	I
C	E	E	E	A	U	U	G	A	Ç	H	E	G	B	A	R
E	S	X	N	V	Q	R	I	S	I	B	Z	E	J	C	T
K	Q	Z	X	X	R	S	D	L	E	I	P	V	V	T	U
S	Ç	X	Z	B	A	O	S	O	F	T	W	A	R	E	A
C	Â	M	E	R	A	R	L	A	V	Z	Y	N	E	L	L
L	G	W	H	O	Ç	K	U	E	Y	D	S	B	Q	U	Y

TELA
BLOG
NAVEGADOR
BYTES
COMPUTADOR
CURSOR
ARQUIVO
DADOS
DIGITAL
PESQUISA
INTERNET
CÂMERA
MENSAGEM
FONTE
SEGURANÇA
SOFTWARE
ESTATÍSTICAS
VIRTUAL
VÍRUS

64 - Science Fiction

M	I	S	T	E	R	I	O	S	O	I	E	F	C	O	U
Ç	P	X	T	D	Z	G	I	T	I	L	X	U	G	R	R
J	I	L	S	Ô	B	O	R	W	R	U	P	T	L	Á	A
M	E	T	A	Z	F	M	Á	Q	Á	S	L	U	U	C	G
A	M	S	H	N	J	E	N	N	N	Ã	O	R	G	U	H
I	A	W	C	A	E	R	E	V	I	O	S	I	Y	L	E
G	T	E	W	I	I	T	C	I	G	C	Ã	S	D	O	B
O	S	N	L	P	N	X	A	A	A	I	O	T	D	G	G
L	I	V	R	O	S	E	Y	Q	M	T	T	A	C	O	C
O	L	U	M	T	K	M	M	N	I	S	A	I	W	F	S
N	A	S	Ç	S	U	I	C	A	R	Á	M	X	K	Ç	R
C	E	I	Z	I	M	T	I	D	I	T	U	Á	W	Q	O
E	R	O	U	D	R	Z	O	S	X	N	N	L	S	I	O
T	W	G	E	Z	B	D	A	P	J	A	D	A	J	H	F
V	A	T	H	D	Q	D	F	D	I	F	O	G	T	G	O
I	W	Y	P	L	B	Y	U	S	V	A	T	A	W	C	O

LIVROS
DISTOPIA
EXPLOSÃO
EXTREMO
FANTÁSTICO
FOGO
FUTURISTA
GALÁXIA
MISTERIOSO
ILUSÃO
IMAGINÁRIO
CINEMA
ORÁCULO
PLANETA
REALISTA
ROBÔS
CENÁRIO
TECNOLOGIA
UTOPIA
MUNDO

65 - Literatur

U	T	W	T	J	V	O	O	Q	C	P	X	K	N	S	Z
D	D	S	Z	W	V	I	A	M	F	Q	Ç	R	O	A	R
I	T	R	A	G	É	D	I	A	T	O	D	E	N	A	O
Á	M	P	O	M	T	I	R	O	T	U	A	Z	R	Ç	M
L	R	E	O	L	I	T	S	E	S	I	L	Á	N	A	A
O	S	O	T	E	G	R	Ç	D	C	A	G	U	E	K	N
G	R	C	L	Á	M	E	K	T	G	P	Ç	L	G	A	C
O	G	P	A	I	F	A	R	G	O	I	B	U	H	Y	E
Ã	T	E	M	A	A	O	Ã	Ç	I	R	C	S	E	D	B
S	F	P	J	W	P	S	R	N	A	R	R	A	D	O	R
U	I	O	B	D	T	Z	O	A	R	Q	S	O	B	P	N
L	C	É	G	A	N	A	L	O	G	I	A	A	C	R	Y
C	Ç	T	T	I	A	Y	K	O	A	D	R	G	T	G	Q
N	Ã	I	G	A	I	U	H	T	Q	O	C	W	G	W	E
O	O	C	D	M	Y	I	G	U	J	B	S	B	P	S	W
C	F	O	Ã	Ç	A	R	A	P	M	O	C	T	Ç	K	B

ANALOGIA
ANÁLISE
ANEDOTA
AUTOR
DESCRIÇÃO
BIOGRAFIA
DIÁLOGO
NARRADOR
FICÇÃO
POEMA
METÁFORA
POÉTICO
RIMA
RITMO
ROMANCE
CONCLUSÃO
ESTILO
TEMA
TRAGÉDIA
COMPARAÇÃO

66 - Wandern

N	X	Á	B	O	T	A	S	I	D	O	S	Q	P	Y	A
Y	C	G	U	D	G	C	T	Y	K	R	E	Z	E	E	N
P	T	U	B	A	N	U	N	R	W	I	L	L	R	I	I
P	E	A	J	S	Z	L	I	X	P	E	V	J	I	Ç	M
I	I	D	Ç	E	B	G	W	A	F	N	A	D	G	E	A
F	V	J	R	P	V	J	Y	F	S	T	G	J	O	Z	I
J	O	C	S	A	H	N	E	P	X	A	E	Y	S	Q	S
X	P	Q	U	F	S	J	D	R	S	Ç	M	D	W	V	F
N	A	T	U	R	E	Z	A	E	K	Ã	W	L	Q	J	D
I	H	D	V	H	F	W	K	P	U	O	P	M	E	T	J
W	N	W	V	F	X	Ç	E	A	M	I	L	C	M	E	K
W	A	V	D	A	Z	J	C	R	P	R	O	O	G	T	P
O	T	N	E	M	A	P	M	A	C	A	S	U	I	O	Z
B	N	F	D	J	Y	X	T	Ç	A	C	M	C	U	M	E
H	O	T	V	N	C	U	H	Ã	C	W	Z	A	K	D	R
T	M	Ç	L	S	I	S	G	O	D	A	S	N	A	C	E

MONTANHA
ACAMPAMENTO
GUIAS
PERIGOS
CUME
MAPA
CLIMA
PENHASCO
CANSADO
NATUREZA
ORIENTAÇÃO
PESADO
SOL
PEDRAS
BOTAS
ANIMAIS
PREPARAÇÃO
ÁGUA
TEMPO
SELVAGEM

67 - Globale Erwärmung

S	C	G	O	V	U	W	A	C	G	H	S	L	Y	U	T
I	I	Z	E	A	L	F	G	F	G	A	V	K	D	T	E
N	E	P	I	R	O	E	G	O	C	B	J	H	R	K	M
H	N	W	V	N	A	O	A	Ã	Q	I	U	M	Ç	E	P
N	T	D	I	E	D	Ç	G	Ç	H	T	L	A	Q	N	E
V	I	F	M	J	E	Ú	Õ	N	I	A	O	G	G	E	R
T	S	O	D	A	D	A	S	E	M	T	W	P	P	R	A
V	T	F	U	T	U	R	O	T	S	S	Á	G	A	G	T
L	A	T	N	E	I	B	M	A	R	O	G	A	I	I	U
C	C	L	I	M	A	N	N	O	C	I	T	R	Á	A	R
G	R	Q	Q	B	R	B	Q	M	I	X	A	S	V	C	A
U	S	I	H	H	I	U	A	A	O	C	Z	M	C	R	S
B	F	I	S	E	Õ	Ç	A	L	U	P	O	P	J	J	V
H	O	N	R	E	V	O	G	C	C	Q	L	V	N	E	I
Ç	B	I	N	T	E	R	N	A	C	I	O	N	A	L	Ç
L	E	G	I	S	L	A	Ç	Ã	O	W	A	E	X	H	L

ÁRTICO
ATENÇÃO
POPULAÇÕES
DADOS
ENERGIA
GÁS
GERAÇÕES
LEGISLAÇÃO
INDÚSTRIA
INTERNACIONAL
AGORA
CLIMA
CRISE
HABITATS
GOVERNO
TEMPERATURAS
AMBIENTAL
CIENTISTA
FUTURO

68 - Länder #2

J	A	M	A	I	C	A	B	I	R	L	A	N	D	A	B
O	I	I	W	V	I	N	R	Y	V	V	M	N	W	L	L
D	R	P	S	H	Ç	T	A	L	B	Â	N	I	A	C	I
M	Í	J	A	S	M	P	Z	A	X	W	Z	K	W	A	B
L	S	J	E	Q	Ú	B	I	P	T	B	T	S	Q	L	É
U	L	G	D	N	U	R	B	E	Ç	H	M	S	Ç	H	R
C	S	X	V	I	X	I	C	N	J	T	E	N	M	A	I
R	D	H	L	G	T	V	S	H	Z	V	I	O	É	I	A
Â	V	X	L	É	S	O	B	T	V	H	D	B	X	T	I
N	P	M	O	R	R	O	L	Z	Ã	L	R	J	I	I	P
I	Ç	Y	G	I	U	Q	N	E	Y	O	O	G	C	L	Ó
A	Ç	S	D	A	N	U	S	W	O	Ã	Z	R	O	I	I
M	U	Y	O	V	W	Ê	W	O	A	D	W	É	C	T	T
Z	Z	Y	E	A	Ç	N	A	R	F	U	U	C	S	Q	E
J	A	P	Ã	O	L	I	V	E	F	S	D	I	D	B	F
E	Z	Z	K	U	Ç	A	D	N	A	G	U	A	A	Z	O

ALBÂNIA
ETIÓPIA
FRANÇA
GRÉCIA
HAITI
IRLANDA
JAMAICA
JAPÃO
QUÊNIA
LAOS
LIBÉRIA
MÉXICO
NEPAL
NIGÉRIA
PAQUISTÃO
RÚSSIA
SUDÃO
SÍRIA
UGANDA
UCRÂNIA

69 - Fahrzeuge

R	X	T	H	E	E	Q	H	D	N	Z	S	F	G	U	F
C	A	M	I	N	H	Ã	O	Ã	G	R	U	F	Z	A	K
Z	T	D	T	R	A	T	O	R	S	E	Y	B	K	I	H
V	E	P	A	C	O	F	C	O	A	T	W	Y	H	C	D
C	L	Ç	B	G	G	I	R	T	W	E	Á	D	A	N	X
A	C	B	L	B	N	S	A	O	O	U	P	X	L	Â	T
R	I	L	A	S	L	A	B	M	R	G	C	U	I	L	F
A	C	T	M	U	J	B	J	O	Ç	O	P	N	E	U	S
V	I	W	B	B	K	L	Q	D	L	F	U	W	J	B	V
A	B	W	R	I	V	J	T	S	Ç	D	A	V	V	M	F
N	Y	F	E	N	P	M	J	H	M	O	Ã	I	V	A	W
A	V	W	T	Ô	O	N	I	R	A	M	B	U	S	Y	E
G	A	E	A	O	R	E	T	P	Ó	C	I	L	E	H	S
W	Z	O	B	Ç	R	T	F	N	D	P	B	E	D	C	Q
J	U	M	F	W	A	D	E	V	J	J	X	R	A	L	E
W	K	Y	T	P	C	K	M	M	P	U	M	C	C	R	D

CARRO
BARCO
ÔNIBUS
BICICLETA
BALSA
JANGADA
AVIÃO
HELICÓPTERO
AMBULÂNCIA
CAMINHÃO
MOTOR
FOGUETE
PNEUS
LAMBRETA
TÁXI
TRATOR
METRÔ
SUBMARINO
FURGÃO
CARAVANA

70 - Musikinstrumente

O	Ã	S	S	U	C	R	E	P	I	S	P	I	S	T	R
G	L	C	Y	U	N	A	B	M	I	R	A	M	A	R	A
O	Ã	L	O	I	V	X	C	I	E	A	J	N	X	O	N
N	H	L	V	T	Q	R	V	L	W	B	N	L	O	M	V
G	U	I	B	S	R	T	I	O	A	Ç	K	O	F	P	I
O	O	B	O	É	Ç	R	O	D	Z	R	S	Q	O	E	O
P	C	K	Q	Q	H	O	L	N	C	I	I	Y	N	T	L
U	A	K	K	C	A	M	O	A	A	Y	C	N	E	E	I
M	L	N	T	B	R	B	N	B	C	Z	H	Ç	E	G	N
Z	N	O	D	R	P	O	C	P	Q	I	P	S	T	T	O
A	L	I	U	E	A	N	E	B	A	N	J	O	O	J	E
C	X	X	L	D	I	E	L	Q	S	Ç	T	B	G	M	D
F	L	A	U	T	A	R	O	B	M	A	T	T	A	Q	Z
R	Q	C	F	P	E	Ç	O	Q	H	Z	Q	Q	F	G	Z
A	S	V	J	Q	X	A	L	E	L	G	I	D	P	S	D
D	B	E	H	I	D	E	G	A	I	T	A	N	O	O	U

BANJO
VIOLONCELO
FAGOTE
FLAUTA
VIOLINO
VIOLÃO
GONGO
HARPA
CLARINETE
PIANO
BANDOLIM
MARIMBA
GAITA
OBOÉ
TROMBONE
SAXOFONE
PERCUSSÃO
PANDEIRO
TAMBOR
TROMPETE

71 - Blumen

L	Í	R	I	O	T	U	L	I	P	A	J	T	R	K	X
D	E	U	S	N	A	L	Ç	A	H	A	K	Ç	Y	R	S
E	B	N	N	K	U	M	W	J	U	Q	N	G	G	U	E
N	F	U	C	V	J	A	S	M	I	M	T	S	T	E	P
T	X	X	P	B	V	I	E	M	B	D	W	Y	R	Q	L
E	W	Z	E	C	U	R	Ç	D	A	S	O	R	E	C	Ç
D	M	D	Ô	B	L	E	G	A	Í	G	H	B	V	Q	P
E	L	M	N	C	C	M	B	I	N	U	N	A	O	G	A
L	P	A	I	J	D	U	Q	N	R	V	Q	Ó	I	O	D
E	É	B	A	W	Ç	L	V	Ê	H	A	U	R	L	A	I
Ã	T	Y	L	A	E	P	A	D	I	D	S	H	O	I	R
O	A	B	U	Q	U	Ê	X	R	B	N	Á	S	N	O	A
Q	L	V	O	K	Y	B	N	A	I	A	L	W	O	H	G
U	A	A	P	V	W	T	E	G	S	V	I	V	N	L	R
O	N	D	A	X	Y	S	V	U	C	A	L	D	M	Ç	A
C	T	C	P	E	J	Z	E	V	O	L	R	E	W	P	M

PÉTALA
GARDÊNIA
MARGARIDA
HIBISCO
JASMIM
TREVO
LAVANDA
LILÁS
LÍRIO
DENTE-DE-LEÃO
MAGNÓLIA
PAPOULA
ORQUÍDEA
PEÔNIA
PLUMERIA
ROSA
GIRASSOL
BUQUÊ
TULIPA

72 - Natur

A	B	V	Y	Y	B	O	M	Y	M	H	A	X	C	Y	A
Y	B	P	M	A	R	W	O	R	I	E	O	V	E	N	N
P	O	E	Ç	H	B	S	N	W	D	Y	F	N	Ç	F	I
W	A	O	L	U	B	L	T	V	C	M	D	Z	E	O	M
D	Z	C	U	H	X	O	A	R	I	E	L	E	G	L	A
Z	E	I	Í	M	A	O	N	T	W	G	P	D	I	H	I
F	L	T	R	F	X	S	H	T	I	A	U	E	S	A	S
L	E	R	N	Ç	I	D	A	M	R	V	T	S	H	G	S
O	B	Á	O	E	K	C	S	D	I	L	I	E	O	E	A
R	Q	U	D	J	B	M	O	E	R	E	J	R	V	M	N
E	D	I	N	Â	M	I	C	O	I	S	K	T	S	V	T
S	A	B	R	I	G	O	Ã	S	O	R	E	O	A	B	U
T	W	P	S	R	E	D	Ç	G	T	Q	C	V	Ç	P	Á
A	J	L	S	E	P	Ç	T	R	O	P	I	C	A	L	R
L	N	M	E	C	R	N	F	N	C	U	P	A	B	Ç	I
Q	R	U	Q	W	Q	C	H	M	S	E	R	E	N	O	O

ÁRTICO
MONTANHAS
ABELHAS
DINÂMICO
EROSÃO
RIO
PACÍFICO
GELEIRA
SANTUÁRIO
SERENO
FOLHAGEM
VITAL
NEVOEIRO
BELEZA
ABRIGO
ANIMAIS
TROPICAL
FLORESTA
SELVAGEM
DESERTO

73 - Urlaub #2

A	H	N	P	D	E	S	T	I	N	O	N	D	B	T	O
E	O	V	H	A	R	E	S	T	A	U	R	A	N	T	E
R	T	T	K	Y	S	T	R	A	N	S	P	O	R	T	E
O	E	L	R	E	J	S	F	O	T	O	S	D	C	S	I
P	L	T	A	P	F	N	A	I	G	N	E	A	R	F	L
O	F	Á	M	Z	A	U	D	P	S	Ç	X	I	O	Y	H
R	A	X	O	I	E	I	N	O	O	U	N	R	P	V	A
T	Y	I	N	B	E	R	E	Ç	D	R	X	E	R	I	A
O	H	K	T	N	M	F	T	U	Ç	M	T	F	A	S	K
B	I	D	A	K	O	T	T	H	G	E	A	E	I	T	V
M	S	Y	N	D	Ç	V	D	J	R	G	N	P	A	O	C
O	B	T	H	H	F	V	T	O	M	A	U	T	A	Q	T
D	A	K	A	L	N	M	K	E	G	I	N	Q	C	A	L
R	C	I	S	E	P	V	U	R	C	V	I	M	G	K	Y
E	S	T	R	A	N	G	E	I	R	O	M	P	R	C	Z
A	C	A	M	P	A	M	E	N	T	O	K	A	Ç	D	U

ESTRANGEIRO
MONTANHAS
ACAMPAMENTO
AEROPORTO
FOTOS
LAZER
HOTEL
ILHA
MAPA
MAR
PASSAPORTE
VIAGEM
RESTAURANTE
PRAIA
TÁXI
TRANSPORTE
FERIADO
VISTO
TENDA
DESTINO

74 - Barbecues

F	V	N	E	K	K	V	I	D	F	S	V	U	S	L	A
A	H	L	E	R	G	L	F	O	M	E	M	O	L	H	O
M	L	E	G	U	M	E	S	G	N	P	O	K	G	I	Ç
Í	C	S	H	U	H	O	A	N	Q	N	Ã	P	W	R	O
L	G	X	F	G	K	P	C	A	T	U	R	F	I	C	M
I	U	Z	X	M	O	C	A	R	C	R	E	F	L	R	L
A	B	U	F	X	B	C	F	F	X	I	V	W	B	I	A
S	E	M	F	E	X	R	G	Z	V	J	S	U	Z	A	R
Ç	T	E	C	K	P	Y	D	R	M	A	A	Ú	W	N	W
T	G	S	V	J	O	A	Q	X	Q	N	D	O	M	Ç	I
B	K	L	Y	B	X	S	P	G	U	T	A	A	F	A	O
E	U	J	G	P	Ç	K	H	A	E	A	L	V	K	S	N
B	D	E	Q	L	I	U	U	R	N	R	A	X	H	O	V
S	O	G	I	M	A	Y	O	F	T	M	S	L	P	G	D
O	A	T	N	E	M	I	P	O	E	W	Y	W	D	O	H
O	B	L	J	Y	I	S	K	S	V	M	V	L	V	J	P

JANTAR
FAMÍLIA
AMIGOS
FRUTA
GARFOS
LEGUMES
GRELHA
QUENTE
FRANGO
FOME

CRIANÇAS
FACAS
ALMOÇO
MÚSICA
PIMENTA
SALADAS
SAL
VERÃO
MOLHO
JOGOS

75 - Küche

Q	M	A	J	R	G	G	L	I	Z	G	H	G	E	C	Q
Z	N	U	V	P	E	C	R	I	P	O	A	A	S	H	P
F	H	Q	A	Z	L	P	O	E	B	X	Ç	R	P	A	Y
K	Ç	Y	D	L	A	F	U	N	L	Y	M	F	O	L	M
G	T	F	A	W	D	S	Y	A	C	H	D	O	N	E	Q
P	L	A	T	N	E	V	A	S	J	H	A	S	J	I	T
V	H	D	S	U	I	D	M	Q	V	H	A	C	A	R	K
D	O	S	S	E	R	E	H	L	O	C	T	O	L	A	H
J	N	N	O	P	A	V	F	Z	U	Q	I	M	E	B	V
F	V	P	H	X	U	F	A	C	A	S	E	E	G	H	F
O	G	Z	N	R	W	C	W	T	X	J	C	R	I	E	R
R	C	V	I	A	U	W	I	I	U	V	E	R	T	N	E
N	J	Ç	Z	Y	R	B	O	R	F	P	R	R	G	Q	E
O	L	C	U	E	S	P	E	C	I	A	R	I	A	S	Z
Ç	Y	S	A	J	A	R	R	O	M	Ç	Ç	B	Y	D	E
I	A	O	P	A	N	A	D	R	A	U	G	F	K	X	R

COMER
PAUZINHOS
GARFOS
FREEZER
ESPECIARIAS
GRELHA
CONCHA
JARRO
GELADEIRA
COLHERES
FACAS
FORNO
RECEITA
AVENTAL
TIGELA
ESPONJA
GUARDANAPO
CUPS
CHALEIRA

76 - Geographie

Z	C	K	Ç	F	P	A	E	A	U	F	W	D	M	M	C
N	C	I	Q	F	A	E	Q	P	T	G	O	G	C	L	O
S	C	M	D	Z	Í	Y	U	A	B	L	N	K	X	B	N
R	P	S	Ç	A	S	S	A	M	D	B	A	A	O	B	T
A	I	W	T	H	D	R	D	X	Y	M	I	S	Q	C	I
M	S	O	V	N	E	E	O	O	D	L	D	Ç	H	Y	N
A	G	R	Z	A	X	E	R	C	O	Ã	I	G	E	R	E
L	A	T	I	T	U	D	E	E	I	M	R	F	M	E	N
X	K	T	Q	N	U	U	T	A	R	U	E	X	I	B	T
I	T	F	B	O	X	T	R	N	Ó	N	M	U	S	D	E
A	F	M	Y	M	B	I	O	O	T	D	F	P	F	B	G
H	Q	T	Ç	Ç	S	T	N	O	I	O	N	J	É	I	Z
I	C	Ç	F	V	S	L	I	O	R	L	T	L	R	N	H
L	F	B	A	Q	V	A	Z	Y	R	A	W	Y	I	N	O
H	Y	Z	M	N	S	H	R	C	E	T	S	E	O	U	A
A	W	S	Y	D	R	F	N	B	T	F	V	P	E	M	Z

ATLAS
EQUADOR
MONTANHA
LATITUDE
RIO
TERRITÓRIO
HEMISFÉRIO
ALTITUDE
ILHA
MAPA
CONTINENTE
PAÍS
MAR
MERIDIANO
NORTE
OCEANO
REGIÃO
CIDADE
MUNDO
OESTE

77 - Zahlen

N	I	U	D	P	P	G	W	Z	Z	C	O	F	Z	Y	Q
C	I	N	C	O	T	O	X	E	C	T	R	E	Z	E	U
K	F	Z	X	W	V	Ç	S	R	J	I	T	Z	U	W	A
Z	U	F	K	A	I	W	C	O	S	Z	A	N	A	I	T
P	I	S	E	I	S	Z	Ç	O	E	A	U	I	X	E	O
Ç	Q	I	D	O	Z	E	G	F	I	Z	Q	U	Q	L	R
K	E	O	D	E	Z	O	I	T	O	T	G	Q	F	E	Z
Q	A	D	A	S	Ê	R	T	Ç	Y	U	O	K	Y	L	E
D	J	Z	C	U	I	Z	J	L	B	R	A	N	S	M	S
O	E	V	I	N	T	E	V	O	N	E	Z	E	D	X	I
Y	M	C	D	G	K	D	S	A	K	K	B	E	P	T	E
Ç	L	T	I	B	U	W	E	S	O	T	I	O	H	Ç	E
S	C	E	W	M	N	G	E	O	E	Y	R	N	O	V	E
E	X	N	Ç	J	A	U	P	Q	O	Z	V	F	C	Ç	W
T	L	L	B	Ç	G	L	U	K	E	F	E	Y	L	X	Z
E	D	E	Z	E	S	S	E	T	E	U	W	D	Q	U	Q

OITO
DEZOITO
DECIMAL
TRÊS
TREZE
CINCO
QUINZE
NOVE
DEZENOVE
ZERO
SEIS
DEZESSEIS
SETE
DEZESSETE
QUATRO
QUATORZE
DEZ
VINTE
DOIS
DOZE

78 - Tage und Monate

F	B	T	H	B	D	A	P	O	N	M	J	K	S	T	T
A	J	Ç	S	P	O	T	S	O	G	A	A	D	E	F	Ç
O	N	P	A	D	M	T	T	D	B	Y	N	R	G	P	P
R	L	O	A	R	I	E	F	A	T	X	E	S	U	Q	T
B	L	S	X	C	N	L	G	B	T	R	I	F	N	U	E
M	Ê	S	E	V	G	M	L	Á	Q	S	R	K	D	A	R
E	S	U	P	T	O	B	L	S	G	O	O	V	A	R	Ç
V	Ç	A	R	I	E	F	A	T	N	I	U	Q	F	T	A
O	M	O	F	H	Y	M	J	Y	T	R	Q	I	E	A	T
N	B	L	C	X	I	W	B	Ç	Q	Á	R	H	I	F	C
J	U	L	H	O	Q	V	G	R	I	D	Ç	V	R	E	H
F	E	V	E	R	E	I	R	O	O	N	J	B	A	I	J
O	R	B	U	T	U	O	R	B	M	E	Z	E	D	R	U
Z	N	Y	S	S	E	M	A	N	A	L	Q	U	K	A	N
T	Q	F	T	O	O	B	U	Ç	M	A	W	E	K	Y	H
U	Z	Q	T	S	G	A	Q	T	B	C	R	M	C	N	O

AGOSTO
DEZEMBRO
TERÇA
QUINTA-FEIRA
FEVEREIRO
SEXTA-FEIRA
ANO
JANEIRO
JULHO
JUNHO
CALENDÁRIO
QUARTA-FEIRA
MÊS
SEGUNDA-FEIRA
NOVEMBRO
OUTUBRO
SÁBADO
SETEMBRO
DOMINGO
SEMANA

79 - Kräuterkunde

T	C	Q	V	C	E	A	Q	E	B	B	Y	A	X	E	D
R	O	R	D	N	E	L	U	D	S	J	M	Ç	S	V	Q
L	D	M	R	G	P	H	A	R	M	T	I	W	Q	Ç	Z
A	A	M	I	A	W	O	L	E	A	S	R	O	L	F	A
R	C	V	Q	L	L	H	I	V	N	B	C	A	N	Ç	C
O	U	C	A	X	H	O	D	E	J	E	E	X	G	S	I
M	L	S	S	N	O	O	A	A	E	N	L	U	E	Ã	M
Á	I	F	L	D	D	A	D	E	R	É	A	H	K	Y	O
T	N	M	A	F	S	A	E	S	O	F	B	T	Ç	F	Ã
I	Á	N	S	U	F	C	M	Y	N	I	M	W	T	X	R
C	R	E	A	X	F	X	I	P	A	C	V	H	J	B	F
O	I	H	B	X	B	Q	D	C	A	O	O	S	Y	Ç	A
M	O	B	O	Ã	C	I	R	E	J	N	A	M	O	U	Ç
T	N	E	R	H	C	L	A	E	Y	Q	V	C	Y	Q	A
F	U	N	C	H	O	D	J	D	Y	G	Q	Y	Y	R	Z
W	L	I	N	G	R	E	D	I	E	N	T	E	L	F	B

AROMÁTICO
MANJERICÃO
FLOR
ENDRO
ESTRAGÃO
FUNCHO
JARDIM
SABOR
VERDE
ALHO

CULINÁRIO
LAVANDA
MANJERONA
SALSA
QUALIDADE
ALECRIM
AÇAFRÃO
TOMILHO
BENÉFICO
INGREDIENTE

80 - Aktivitäten und Freizeit

K	R	M	O	G	N	F	C	A	O	K	H	J	L	C	A
V	E	E	H	Y	F	X	M	A	R	W	L	Q	B	A	C
E	O	G	L	O	B	E	T	U	F	T	G	P	A	M	A
Q	M	A	U	A	O	I	T	P	H	G	E	W	S	I	M
S	U	I	G	W	X	S	S	M	W	W	U	D	Q	N	P
P	M	V	R	A	M	A	O	M	I	W	A	A	U	H	A
D	E	U	E	X	O	B	N	G	O	L	F	E	E	A	M
S	G	S	M	F	J	Y	A	T	W	K	Y	B	T	D	E
V	A	I	C	J	C	B	S	C	E	P	L	T	E	A	N
O	N	N	Q	A	F	L	H	O	Ã	Ç	A	T	A	N	T
L	I	Ê	S	Y	Ç	C	G	R	T	Ç	A	P	E	A	O
E	D	T	M	L	Q	N	X	R	P	I	N	T	U	R	A
I	R	D	W	Ç	H	S	E	I	B	B	O	H	P	K	T
B	A	V	W	D	F	T	X	D	S	U	R	F	E	T	A
O	J	M	J	Ç	E	S	C	A	N	O	K	O	K	Z	G
L	O	B	E	S	I	E	B	S	K	N	H	K	Z	Q	K

PESCA
BEISEBOL
BASQUETE
BOXE
ACAMPAMENTO
RELAXANTE
FUTEBOL
JARDINAGEM
PINTURA
GOLFE
HOBBIES
ARTE
VIAGEM
CORRIDA
NATAÇÃO
SURFE
MERGULHO
TÊNIS
VOLEIBOL
CAMINHADA

81 - Formen

R	T	R	I	Â	N	G	U	L	O	D	A	L	A	V	O
I	E	P	O	L	Í	G	O	N	O	L	U	C	R	Í	C
X	L	T	Z	O	Y	B	B	U	D	C	O	N	E	I	P
B	O	T	Â	T	E	Z	U	P	A	H	N	I	L	Z	P
Ç	B	X	K	N	U	X	C	Ç	R	R	D	N	Y	U	I
I	R	W	A	A	G	E	V	V	D	D	E	E	M	Z	R
L	É	R	B	C	J	U	N	S	A	R	Z	F	V	W	Â
P	P	N	E	L	X	U	L	W	U	P	V	R	S	N	M
F	I	B	Y	W	K	Z	W	O	Q	E	Z	W	Y	E	I
O	H	R	G	E	I	K	O	O	M	T	L	E	T	R	D
C	F	Z	J	O	O	E	L	I	P	S	E	E	B	I	E
R	U	B	N	U	G	Q	P	R	I	S	M	A	H	O	B
A	Ç	R	Ç	L	A	P	W	J	C	U	F	S	W	B	O
Q	S	F	V	J	D	C	V	Ç	X	L	T	Q	G	M	Ç
Ç	I	U	Y	A	C	I	L	I	N	D	R	O	R	S	K
F	T	I	B	V	P	Z	H	Z	K	M	L	L	E	B	P

ARCO
TRIÂNGULO
CANTO
ELIPSE
HIPÉRBOLE
CONE
CÍRCULO
ESFERA
CURVA
LINHA
OVAL
POLÍGONO
PRISMA
PIRÂMIDE
QUADRADO
RETÂNGULO
LADO
CUBO
CILINDRO

82 - Musik

L	Q	G	Ó	N	S	F	R	A	T	N	A	C	U	S	P
Í	E	C	E	P	X	P	O	É	T	I	C	O	R	O	C
R	W	R	O	B	E	J	T	A	I	N	O	M	R	A	H
I	U	A	B	Z	G	R	N	W	T	N	C	T	Ç	M	T
C	Z	S	Y	W	I	P	A	K	Ç	M	I	I	I	I	E
O	C	I	M	T	Í	R	C	D	A	U	S	R	N	C	M
C	G	V	J	G	W	J	I	X	A	Ç	Ú	H	S	R	P
I	T	O	C	I	S	S	Á	L	C	L	M	O	T	O	O
N	E	R	M	E	L	O	D	I	A	G	A	F	R	F	M
Ô	U	P	Z	G	H	G	V	Á	B	M	Q	B	U	O	Q
M	F	M	X	R	Y	C	U	K	L	X	E	F	M	N	C
R	K	I	X	M	G	B	R	R	M	B	I	Ç	E	E	O
A	D	B	G	M	W	G	O	G	X	M	U	U	N	T	B
H	M	N	S	O	M	U	S	I	C	A	L	M	T	P	L
O	R	Y	A	F	W	N	T	F	Z	O	Y	X	O	N	O
H	G	N	Y	B	P	O	G	Y	K	E	U	L	P	Ç	Q

ÁLBUM
BALADA
CORO
HARMONIA
HARMÔNICO
IMPROVISAR
INSTRUMENTO
CLÁSSICO
LÍRICO
MELODIA

MICROFONE
MUSICAL
MÚSICO
ÓPERA
POÉTICO
RÍTMICO
RITMO
CANTOR
CANTAR
TEMPO

83 - Antiquitäten

E	V	E	G	Y	N	B	D	E	X	G	N	L	T	I	V
X	S	E	E	C	L	X	Z	L	M	B	O	P	S	S	C
D	I	C	L	Ç	T	Z	Q	E	W	S	D	V	C	M	F
R	A	E	U	H	I	J	F	G	R	A	R	T	E	N	I
K	R	K	U	L	O	W	J	A	V	R	J	X	P	L	X
V	A	L	O	R	T	M	J	N	A	U	P	R	E	Ç	O
M	O	E	D	A	S	U	Z	T	Q	T	E	C	V	M	L
E	C	P	X	I	E	M	R	E	U	N	N	O	D	O	U
T	I	K	H	R	Y	O	K	A	A	I	T	N	Z	B	C
I	T	O	H	E	T	C	F	X	L	P	U	D	S	I	É
I	N	E	D	L	E	N	Z	S	I	E	S	I	P	L	S
X	Ê	P	F	A	G	I	P	W	D	S	I	Ç	B	I	Y
B	T	A	S	G	Y	C	Y	C	A	T	A	Ã	D	Á	V
M	U	L	A	A	Ç	W	I	B	D	I	S	O	A	R	F
N	A	J	R	X	A	J	Y	Y	E	L	T	Q	O	I	N
D	E	C	O	R	A	T	I	V	O	O	A	N	T	O	V

VELHO
ITEM
AUTÊNTICO
DECORATIVO
ELEGANTE
ENTUSIASTA
GALERIA
PINTURAS
SÉCULO
ARTE
MOBILIÁRIO
MOEDAS
PREÇO
QUALIDADE
ESCULTURA
ESTILO
INCOMUM
VALOR
CONDIÇÃO

84 - Adjektive #2

F	E	D	P	R	M	M	V	C	Z	Y	O	I	M	W	R
O	L	R	O	R	G	M	N	A	A	Ç	P	N	K	L	E
R	E	A	R	F	O	O	C	I	T	N	Ê	T	U	A	S
T	G	M	G	A	V	D	R	D	Q	N	Q	E	S	R	P
E	A	Á	U	M	I	F	U	B	Ç	O	W	R	A	U	O
A	N	T	L	I	T	G	A	T	X	V	O	E	U	T	N
M	T	I	H	N	A	Z	P	M	I	O	W	S	D	A	S
Q	E	C	O	T	I	V	S	E	O	V	Z	S	Á	N	Á
P	S	O	S	O	R	M	C	G	D	S	O	A	V	V	V
P	D	C	O	M	C	T	H	A	A	H	O	N	E	Z	E
F	F	S	A	R	N	V	S	V	G	L	F	T	L	E	L
E	I	E	E	A	Y	C	M	L	L	N	Ç	E	A	W	L
B	Y	R	O	V	K	U	S	E	A	H	C	B	M	N	Y
I	H	F	S	Z	W	J	U	S	S	J	I	W	R	V	P
D	E	S	C	R	I	T	I	V	O	E	A	V	O	P	K
C	O	M	E	S	T	Í	V	E	L	A	U	V	N	U	E

AUTÊNTICO
FAMOSO
DESCRITIVO
DRAMÁTICO
ELEGANTE
COMESTÍVEL
FRESCO
SAUDÁVEL
FAMINTO
INTERESSANTE
CRIATIVO
NATURAL
NOVO
NORMAL
PRODUTIVO
SALGADO
FORTE
ORGULHOSO
RESPONSÁVEL
SELVAGEM

85 - Kleidung

L	L	C	M	A	F	F	C	C	D	B	W	P	E	R	A
R	W	I	O	H	O	Ç	A	C	L	K	E	B	W	C	P
L	V	Ç	D	J	V	T	L	E	H	L	E	N	Ç	O	S
C	Q	R	A	L	O	C	Ç	D	G	A	S	I	M	A	C
S	U	É	T	E	R	U	A	I	A	S	P	F	K	D	S
S	M	R	V	N	W	X	G	O	M	N	T	É	A	S	I
Ç	A	M	R	E	P	I	J	A	M	A	C	I	U	A	S
L	X	N	A	N	S	N	E	V	C	E	I	Ç	E	P	A
K	A	Z	D	F	Ç	T	X	Z	J	J	N	Ç	W	A	R
H	S	I	M	Á	T	A	I	V	A	Y	T	L	I	T	I
M	Y	K	B	D	L	T	M	D	V	R	O	G	G	O	L
M	O	M	J	U	G	I	B	J	O	H	A	V	Ç	C	I
A	V	E	N	T	A	L	A	B	L	U	S	A	V	V	I
P	U	L	S	E	I	R	A	S	J	A	Q	U	E	T	A
L	E	J	Q	K	C	A	S	A	C	O	O	F	J	K	Ç
Ç	C	F	A	A	L	U	V	A	S	W	G	A	Z	F	J

PULSEIRA
BLUSA
CINTO
COLAR
LUVAS
CAMISA
CALÇA
CHAPÉU
JAQUETA
JEANS
VESTIDO
CASACO
MODA
SUÉTER
SAIA
SANDÁLIAS
LENÇO
PIJAMA
SAPATO
AVENTAL

86 - Haus

J	M	O	B	I	L	I	Á	R	I	O	Ç	K	Q	J	P
C	A	J	A	N	E	L	A	C	E	R	C	A	U	X	A
E	O	R	K	J	J	Z	Ç	H	L	X	I	W	A	X	R
C	G	Z	D	U	Y	X	I	L	C	M	O	C	R	L	E
Z	H	H	I	I	B	L	M	J	I	J	U	F	T	E	D
O	C	U	M	N	M	B	I	A	I	Ç	M	F	O	V	E
Q	H	W	V	I	H	E	A	B	D	T	Z	P	O	K	L
Q	A	W	M	E	G	A	R	A	G	B	T	O	W	O	P
U	V	S	E	T	I	R	E	S	C	A	D	A	P	D	O
U	E	Y	Y	R	D	R	V	A	S	S	O	U	R	A	R
T	S	F	V	Ç	N	B	O	H	L	E	P	S	E	H	T
E	F	F	C	C	U	W	Ã	Ç	A	R	B	R	X	L	A
T	Y	D	E	A	V	O	T	T	J	Z	Q	Z	Q	E	P
O	Q	D	G	Ç	S	C	Ó	L	V	T	D	I	X	T	V
C	H	A	M	I	N	É	S	L	A	R	E	I	R	A	D
B	I	B	L	I	O	T	E	C	A	X	A	D	G	J	Q

VASSOURA
BIBLIOTECA
TELHADO
SÓTÃO
TETO
CHUVEIRO
JANELA
GARAGEM
JARDIM
LAREIRA
COZINHA
MOBILIÁRIO
CHAVES
CHAMINÉ
ESPELHO
ESCADA
PORTA
PAREDE
CERCA
QUARTO

87 - Bauernhof #1

C	Q	X	Z	P	S	G	S	V	S	I	T	Q	V	J	O
A	C	A	V	O	G	N	A	R	F	U	E	M	J	W	Q
V	F	W	Ç	R	Y	R	O	N	C	X	R	L	S	S	C
A	C	R	E	C	A	B	E	L	H	A	R	B	A	C	X
L	C	I	W	O	U	N	T	I	V	Ç	A	C	F	E	H
O	C	F	H	Ã	G	T	Z	O	V	P	N	G	A	T	O
P	M	O	W	C	Á	K	E	W	N	P	E	O	R	N	N
M	B	U	R	Z	A	J	H	N	N	M	E	L	U	A	E
A	M	U	B	V	K	Ç	B	F	C	H	U	N	T	Z	F
C	H	F	R	M	O	B	J	R	P	E	D	K	L	I	Q
M	W	A	Y	R	F	Q	E	F	X	J	U	I	U	L	I
M	U	O	J	E	O	X	Ç	Z	S	H	M	Ç	C	I	S
Z	J	K	X	P	N	X	O	Z	E	L	T	O	I	T	B
A	R	R	O	Z	K	F	K	A	L	R	I	Y	R	R	M
J	L	J	E	B	I	R	Z	O	E	Y	R	R	G	E	L
M	E	K	K	L	E	K	Z	O	B	H	Y	O	A	F	F

ABELHA
FERTILIZANTE
BURRO
CAMPO
FENO
MEL
FRANGO
CÃO
BEZERRO
GATO
CORVO
VACA
TERRA
AGRICULTURA
CAVALO
ARROZ
PORCO
ÁGUA
CERCA
CABRA

88 - Regierung

J	H	X	X	T	Q	L	I	B	E	R	D	A	D	E	D
I	U	C	O	N	S	T	I	T	U	I	Ç	Ã	O	U	I
N	W	S	X	X	B	D	X	E	K	A	C	F	Z	A	S
D	S	T	T	H	B	D	N	H	L	I	V	I	C	N	C
E	T	O	Y	I	K	I	K	R	V	S	A	A	V	Z	U
P	O	U	M	I	Ç	D	P	F	T	S	I	H	E	B	S
E	O	Ç	K	F	C	A	X	H	L	O	C	O	Ç	Z	S
N	Ç	X	N	B	F	E	N	E	S	T	A	D	O	N	Ã
D	X	L	A	C	G	A	G	D	O	N	R	B	T	A	O
Ê	X	J	Ç	Z	B	G	G	A	T	E	C	B	I	C	S
N	O	E	Ã	D	J	G	Y	D	I	M	O	Z	R	I	R
C	O	L	O	B	M	Í	S	L	E	U	M	W	T	O	U
I	L	Í	D	E	R	U	O	A	R	N	E	Z	S	N	C
A	M	Q	T	F	M	P	J	U	I	O	D	S	I	A	S
P	O	L	Í	T	I	C	A	G	D	M	Z	U	D	L	I
D	Y	E	N	Q	I	O	C	I	F	Í	C	A	P	K	D

DISTRITO
DEMOCRACIA
MONUMENTO
DISCUSSÃO
LIBERDADE
PACÍFICO
LÍDER
JUSTIÇA
LEI
IGUALDADE
NAÇÃO
NACIONAL
POLÍTICA
DIREITOS
DISCURSO
ESTADO
SÍMBOLO
INDEPENDÊNCIA
CONSTITUIÇÃO
CIVIL

89 - Berufe #1

E	C	Z	M	G	E	C	D	P	C	T	V	Q	Y	X	K
N	A	F	Ú	E	G	M	A	S	T	R	Ô	N	O	M	O
F	R	P	S	Ó	O	W	B	L	A	H	P	N	C	T	K
E	T	S	I	L	R	O	S	A	T	S	I	N	A	I	P
R	Ó	I	C	O	I	R	Á	N	I	R	E	T	E	V	C
M	G	C	O	G	E	O	U	J	O	X	O	T	S	X	E
E	R	Ó	M	O	H	D	E	N	S	N	A	R	G	I	N
I	A	L	E	R	L	A	B	F	A	O	S	D	R	J	C
R	F	O	C	I	A	T	D	C	D	B	Ç	Y	O	N	A
A	O	G	Â	E	O	N	Z	Q	V	I	P	S	T	R	N
T	U	O	N	U	J	O	Q	H	O	I	S	Ç	U	O	A
S	F	Ç	I	Q	W	C	C	V	G	S	C	O	O	D	D
I	V	J	C	N	O	N	I	R	A	Ç	N	A	D	A	O
T	T	C	O	A	Ç	Ç	Z	R	D	X	N	Y	Q	Ç	R
R	T	O	A	B	N	Z	U	W	O	B	X	L	F	A	Ç
A	T	R	E	I	N	A	D	O	R	J	N	Y	W	C	G

DOUTOR
ASTRÔNOMO
BANQUEIRO
EMBAIXADOR
CONTADOR
GEÓLOGO
CAÇADOR
JOALHEIRO
CARTÓGRAFO
ENCANADOR
ENFERMEIRA
ARTISTA
MECÂNICO
MÚSICO
PIANISTA
PSICÓLOGO
ADVOGADO
DANÇARINO
VETERINÁRIO
TREINADOR

90 - Adjektive #1

M	J	M	R	D	Q	H	G	B	A	Y	V	J	I	F	U
O	R	U	C	S	E	Ç	P	U	F	N	A	I	D	U	H
D	I	N	O	C	E	N	T	E	I	Ç	L	L	Ê	N	S
E	H	F	T	T	D	Z	E	F	N	S	I	B	N	D	K
R	U	M	S	E	N	O	R	M	E	W	O	E	T	O	D
N	E	U	E	T	N	E	A	R	T	A	S	L	I	A	Ç
O	V	O	N	K	O	P	L	W	Q	P	O	A	C	R	R
A	Ç	L	O	T	U	L	O	S	B	A	Q	P	O	T	B
X	T	Z	H	B	I	U	X	O	U	Y	O	F	D	Í	I
Z	R	I	A	R	O	M	Á	T	I	C	O	I	A	S	G
Y	C	L	V	P	E	R	F	E	I	T	O	N	S	T	R
S	J	E	H	O	G	Ç	Z	J	I	E	F	O	E	I	W
B	M	F	U	P	Ç	C	V	K	R	X	L	R	P	C	P
I	M	P	O	R	T	A	N	T	E	F	D	Y	Q	O	U
W	M	W	I	Y	Y	Q	C	U	P	I	M	A	Ç	A	Ç
W	U	Z	F	E	D	Ç	A	X	H	I	V	P	B	N	Z

ABSOLUTO
ATIVO
AROMÁTICO
ATRAENTE
ESCURO
FINO
HONESTO
FELIZ
IDÊNTICO
ARTÍSTICO
LENTO
MODERNO
PERFEITO
ENORME
BELA
PESADO
FUNDO
INOCENTE
VALIOSO
IMPORTANTE

91 - Geometrie

Y	U	L	Q	N	B	Y	Z	N	A	R	I	J	T	J	V
R	J	J	I	Ç	R	B	O	J	J	P	X	C	E	G	D
L	N	Ú	M	E	R	O	L	U	C	L	Á	C	O	M	Y
D	P	R	X	B	Z	O	Ã	Ç	R	O	P	O	R	P	A
F	I	T	R	I	Â	N	G	U	L	O	B	R	I	Y	Y
L	B	M	P	J	K	Q	J	I	V	A	S	S	A	M	Â
B	B	G	E	A	V	R	U	C	V	C	E	D	R	P	N
S	Q	M	T	N	R	A	U	I	D	I	G	I	U	S	G
D	I	V	M	D	S	A	P	J	W	G	M	Â	T	S	U
P	Z	M	A	B	R	Ã	L	I	F	Ó	E	M	L	U	L
B	O	A	E	I	P	R	O	E	V	L	N	E	A	Z	O
M	L	Y	O	T	K	F	I	N	L	X	T	T	R	P	Z
E	I	C	Í	F	R	E	P	U	S	O	O	R	M	X	S
L	A	T	N	O	Z	I	R	O	H	A	D	O	J	Ç	D
G	M	W	F	S	O	D	A	R	D	A	U	Q	N	D	N
E	Q	U	A	Ç	Ã	O	L	U	C	R	Í	C	T	I	E

PROPORÇÃO
CÁLCULO
DIMENSÃO
TRIÂNGULO
DIÂMETRO
EQUAÇÃO
HORIZONTAL
ALTURA
CÍRCULO
CURVA
LÓGICA
MASSA
NÚMERO
SUPERFÍCIE
PARALELO
QUADRADO
SEGMENTO
SIMETRIA
TEORIA
ÂNGULO

92 - Jazz

I	F	Q	S	B	R	A	C	I	N	C	É	T	P	O	X
M	S	W	C	H	M	T	B	D	D	V	Z	C	I	R	Q
P	F	W	O	L	O	S	P	L	P	T	Ç	O	Q	Q	N
R	Q	O	M	D	T	I	S	G	A	S	S	G	V	U	Y
O	T	M	P	C	R	T	O	O	O	Q	O	R	E	E	K
V	U	N	O	Á	E	R	C	S	T	Ç	M	I	L	S	M
I	L	T	S	L	C	A	I	U	N	I	B	T	H	T	I
S	X	W	I	B	N	R	S	A	E	R	R	M	O	R	E
A	X	K	T	U	O	K	Ú	L	L	K	D	O	T	A	M
Ç	I	C	O	M	C	D	M	P	A	H	J	S	V	T	M
Ã	T	G	R	N	O	V	O	A	T	Ç	T	O	K	A	Ç
O	R	E	N	Ê	G	J	Z	Y	V	G	W	M	X	C	F
S	I	X	I	V	V	O	E	I	N	P	Z	A	P	I	Z
C	A	N	Ç	Ã	O	L	I	T	S	E	G	F	I	S	N
H	U	O	F	X	L	M	B	Ç	K	H	I	Y	X	Ú	N
M	M	U	A	L	T	S	L	Z	I	K	M	E	O	M	G

ÁLBUM
VELHO
APLAUSO
FAMOSO
FAVORITOS
GÊNERO
IMPROVISAÇÃO
COMPOSITOR
CONCERTO
ARTISTA
CANÇÃO
MÚSICA
MÚSICOS
NOVO
ORQUESTRA
RITMO
SOLO
ESTILO
TALENTO
TÉCNICA

93 - Mathematik

P	A	Ç	R	J	J	X	Y	S	O	L	U	G	N	Â	D
A	U	Ç	O	L	U	G	N	Â	I	R	T	N	P	X	E
R	P	O	D	V	I	E	U	Ç	E	M	U	L	O	V	C
A	I	R	T	E	M	O	E	G	R	O	E	B	Z	R	I
L	Q	T	R	V	T	T	G	O	A	L	K	T	B	K	M
E	U	F	R	A	Ç	Ã	O	C	L	U	Q	Z	R	E	A
L	A	A	I	M	W	E	U	B	U	G	Q	O	Y	I	L
O	D	R	F	V	S	I	A	E	C	N	N	L	E	O	A
G	R	I	F	Y	V	P	T	D	I	Â	M	E	T	R	O
R	A	T	O	D	L	F	K	V	D	T	V	L	N	T	N
A	D	M	R	Ç	B	T	Ç	L	N	E	K	A	E	E	O
M	O	É	O	Ã	Ç	A	U	Q	E	R	Y	R	O	M	G
O	W	T	R	S	B	P	V	Q	P	J	T	A	P	Í	Í
H	A	I	A	S	K	G	D	J	R	I	Y	P	X	R	L
I	S	C	I	H	B	W	B	V	E	M	G	Z	E	E	O
R	Ç	A	O	K	T	A	G	T	P	E	L	W	Z	P	P

ARITMÉTICA
FRAÇÃO
DECIMAL
TRIÂNGULO
DIÂMETRO
EXPOENTE
GEOMETRIA
EQUAÇÃO
PARALELO
PARALELOGRAMO
POLÍGONO
QUADRADO
RAIO
RETÂNGULO
PERPENDICULAR
SOMA
SIMETRIA
PERÍMETRO
VOLUME
ÂNGULOS

94 - Messungen

V	H	Ç	O	P	G	R	A	M	A	R	U	G	R	A	L
O	R	T	I	L	R	Ç	Y	K	Ç	M	A	G	R	Z	A
L	D	I	Q	Q	C	O	T	A	N	E	G	Z	E	P	M
U	V	K	U	U	O	R	F	F	O	T	U	N	I	M	I
M	Y	N	I	I	M	T	A	U	K	R	R	P	O	V	C
E	Q	U	L	L	P	E	S	L	N	O	Ç	E	E	N	E
G	V	J	Ô	O	R	M	S	P	T	D	Q	S	Y	N	D
J	S	L	M	G	I	Í	A	T	T	U	I	O	T	F	Q
Ç	Z	C	E	R	M	T	M	O	R	G	R	D	Ç	D	F
B	Q	Z	T	A	E	N	V	N	L	T	G	A	A	X	V
W	Y	W	R	M	N	E	L	E	X	Ç	W	L	P	D	X
E	K	T	O	A	T	C	S	L	O	M	W	P	D	S	E
Q	L	H	E	M	O	W	U	A	G	R	A	U	E	B	C
Q	E	R	W	F	F	R	S	D	V	J	K	N	J	C	K
G	O	J	G	N	G	F	X	A	D	A	G	E	L	O	P
M	S	U	N	Ç	H	A	F	G	Z	Z	J	V	O	M	D

LARGURA
BYTE
DECIMAL
PESO
GRAU
GRAMA
ALTURA
QUILOGRAMA
QUILÔMETRO
COMPRIMENTO
LITRO
MASSA
METRO
MINUTO
PROFUNDIDADE
TONELADA
ONÇA
VOLUME
CENTÍMETRO
POLEGADA

95 - Psychologie

R	E	A	L	I	D	A	D	E	O	F	P	P	S	F	Z
S	E	N	S	A	Ç	Ã	O	J	S	D	E	R	M	G	I
T	E	R	A	P	I	A	Ã	Y	S	Y	R	O	G	E	L
I	I	C	A	S	R	R	Ç	J	I	I	S	B	C	B	J
N	N	O	V	U	S	U	I	W	M	B	O	L	O	P	I
C	F	M	A	B	S	O	N	H	O	S	N	E	N	E	I
O	Â	P	L	C	O	J	G	L	R	K	A	M	F	R	N
N	N	O	I	O	T	X	O	A	P	W	L	A	L	C	F
S	C	R	A	N	N	R	C	K	M	C	I	I	I	E	L
C	I	T	Ç	S	E	C	Z	D	O	K	D	L	T	P	U
I	A	A	Ã	C	M	Y	L	O	C	N	A	O	O	Ç	Ê
E	H	M	O	I	A	C	Q	Í	T	T	D	I	F	Ã	N
N	U	E	F	E	S	L	K	L	N	J	E	G	K	O	C
T	L	N	E	N	N	E	H	N	M	I	U	H	T	U	I
E	N	T	F	T	E	M	G	G	Q	D	C	D	N	M	A
G	E	O	Ç	E	P	R	B	A	P	V	K	O	Y	X	S

AVALIAÇÃO
INCONSCIENTE
EGO
INFLUÊNCIAS
PENSAMENTOS
INFÂNCIA
CLÍNICO
COGNIÇÃO
CONFLITO
PERSONALIDADE
PROBLEMA
SENSAÇÃO
COMPROMISSO
TERAPIA
SONHOS
SUBCONSCIENTE
COMPORTAMENTO
PERCEPÇÃO
REALIDADE

96 - Bauernhof #2

O	S	S	M	F	X	G	V	P	M	T	T	R	T	L	T
L	R	S	I	A	M	I	N	A	D	R	A	M	O	P	R
M	V	L	L	A	T	E	G	E	V	I	U	C	F	B	A
X	L	A	H	L	E	V	O	L	X	G	J	V	J	A	T
F	Y	Q	O	R	I	E	L	E	C	O	U	F	A	D	O
Ç	R	I	Y	R	O	T	S	A	P	F	D	R	K	A	R
O	F	T	U	K	U	I	C	E	O	G	Z	U	M	G	N
X	S	E	Z	T	H	D	T	G	U	H	V	V	C	R	H
L	A	G	M	Y	Z	N	A	D	A	V	E	C	O	I	S
T	E	T	S	O	H	W	I	M	M	S	F	Ç	R	C	I
T	M	I	Q	D	H	S	E	X	A	T	V	X	D	U	Q
X	A	O	T	J	X	L	M	E	H	G	V	G	E	L	A
O	F	M	P	E	U	A	L	X	L	T	V	V	I	T	M
V	H	G	B	A	M	Ç	O	N	T	L	K	J	R	O	J
F	R	U	T	A	T	H	C	P	R	A	D	O	O	R	M
T	V	X	Q	R	N	O	Ã	Ç	A	G	I	R	R	I	D

AGRICULTOR
IRRIGAÇÃO
COLMEIA
PATO
FRUTA
VEGETAL
CEVADA
LHAMA
CORDEIRO
MILHO
LEITE
POMAR
MADURO
OVELHA
PASTOR
CELEIRO
ANIMAIS
TRATOR
TRIGO
PRADO

97 - Gartenarbeit

S	U	J	E	I	R	A	E	S	P	É	C	I	E	S	C
A	H	H	Z	F	H	O	K	I	G	Q	W	H	J	P	O
B	E	M	P	S	E	M	E	N	T	E	S	A	A	U	M
Á	U	O	A	I	Q	G	O	F	G	Ç	F	I	X	V	P
I	G	Q	S	A	Z	O	N	A	L	P	R	O	L	F	O
C	H	U	U	S	L	E	V	Í	T	S	E	M	O	C	S
L	C	Z	A	Ê	F	D	S	O	L	O	C	B	W	Ç	T
I	F	L	L	O	O	A	Y	O	H	L	I	O	U	Q	O
M	D	O	T	B	L	D	I	H	H	S	P	T	X	V	P
A	C	G	L	P	H	I	G	Q	X	V	I	Â	S	Ç	O
A	J	U	T	H	A	M	N	I	C	W	E	N	S	U	M
Q	C	U	P	W	A	U	H	G	A	Y	N	I	T	R	A
Z	I	F	V	R	M	G	E	Q	G	J	T	C	Q	Q	R
D	L	V	V	I	U	U	E	Q	F	I	E	O	B	W	Q
S	P	R	Y	C	F	D	L	M	E	X	Ó	T	I	C	O
T	P	L	Y	K	M	A	N	G	U	E	I	R	A	W	B

ESPÉCIES
FOLHA
FLOR
SOLO
BOTÂNICO
RECIPIENTE
COMESTÍVEL
EXÓTICO
UMIDADE
CLIMA

COMPOSTO
FOLHAGEM
POMAR
SEMENTES
SAZONAL
MANGUEIRA
SUJEIRA
BUQUÊ
ÁGUA

98 - Berufe #2

J	J	O	F	O	S	Ó	L	I	F	R	A	M	R	O	D
M	O	J	R	O	D	A	G	I	T	S	E	V	N	I	L
X	R	Q	V	P	U	Y	E	T	N	R	F	F	U	W	P
G	N	V	Z	R	I	L	V	D	S	G	Z	X	X	C	W
Q	A	Q	T	B	Ç	N	I	Q	M	L	U	P	J	H	P
P	L	T	A	K	H	O	T	I	R	O	C	I	D	É	M
J	I	Ç	T	C	X	Q	E	O	J	Y	K	Y	S	F	Q
F	S	B	S	Z	A	H	T	E	R	B	V	A	G	T	M
O	T	O	I	R	Á	C	E	T	O	I	L	B	I	B	A
T	A	T	T	Ó	Q	R	D	I	N	V	E	N	T	O	R
Ó	L	O	N	A	L	J	A	R	D	I	N	E	I	R	O
G	A	L	E	L	R	O	D	A	R	T	S	U	L	I	N
R	V	I	D	O	C	W	G	Z	O	Ó	L	O	G	O	M
A	Z	P	N	H	R	G	R	O	S	S	E	F	O	R	P
F	E	N	G	E	N	H	E	I	R	O	T	D	C	Ç	K
O	Ã	I	G	R	U	R	I	C	M	Z	R	Q	H	Z	I

MÉDICO
BIBLIOTECÁRIO
BIÓLOGO
CIRURGIÃO
DETETIVE
INVENTOR
INVESTIGADOR
FOTÓGRAFO
JARDINEIRO
ILUSTRADOR
ENGENHEIRO
JORNALISTA
PROFESSOR
LINGUISTA
PINTOR
FILÓSOFO
PILOTO
DENTISTA
ZOÓLOGO

99 - Wetter

E	D	G	Q	A	C	E	S	O	W	R	S	Q	Y	Y	O
V	P	M	S	R	R	L	E	X	K	E	T	T	B	S	S
N	Ç	L	E	U	É	C	I	J	U	L	I	R	D	M	H
K	E	C	S	T	L	M	Y	M	W	Â	C	O	V	O	M
I	S	V	V	A	S	I	R	B	A	M	J	P	C	S	W
O	Ã	V	O	R	T	G	E	B	A	P	U	I	Z	G	I
T	O	D	M	E	V	U	N	N	B	A	X	C	T	X	U
N	U	D	S	P	I	T	F	I	D	G	M	A	E	C	Q
E	U	K	I	M	R	R	C	L	Y	O	O	L	M	N	H
V	P	D	R	E	E	S	O	T	S	B	N	T	P	K	S
B	B	D	Í	T	J	U	Q	M	E	G	Ç	O	E	Ç	O
A	T	M	O	S	F	E	R	A	C	B	Ã	R	S	K	Ç
Ç	L	U	C	N	N	V	T	A	O	M	O	N	T	R	V
V	T	S	R	A	Z	J	C	Z	L	W	C	A	A	Ç	W
C	A	Z	A	D	B	H	B	F	E	O	I	D	D	V	O
F	U	R	A	C	Ã	O	V	X	G	Z	P	O	E	L	E

ATMOSFERA
RELÂMPAGO
BRISA
TROVÃO
SECA
GELO
CÉU
FURACÃO
CLIMA
MONÇÃO
NEVOEIRO
POLAR
ARCO-ÍRIS
TEMPESTADE
TEMPERATURA
TORNADO
SECO
TROPICAL
VENTO
NUVEM

100 - Chemie

H	O	C	L	E	T	C	D	V	R	N	Q	R	H	X	I
C	X	A	C	Q	E	G	A	L	U	C	É	L	O	M	V
D	I	T	T	L	O	H	I	R	H	V	H	A	E	P	J
E	G	A	W	V	U	P	G	A	B	Y	Y	S	X	Z	B
L	É	L	N	F	W	P	Á	E	E	O	Ã	Ç	A	E	R
É	N	I	A	R	S	W	S	L	Q	N	N	O	Í	G	C
T	I	S	R	Q	L	C	N	C	L	I	E	O	I	S	A
R	O	A	U	Y	S	A	F	U	V	L	J	D	Q	U	L
O	Z	D	T	O	N	K	M	N	Q	A	O	I	K	M	O
N	X	O	A	M	R	S	T	L	H	C	I	C	E	F	R
G	R	R	R	I	Z	G	X	M	I	L	W	Á	L	B	V
B	J	H	E	O	N	R	Â	Ç	F	A	M	I	Z	N	E
D	Y	G	P	U	L	O	I	N	Ê	G	O	R	D	I	H
Ç	S	K	M	J	D	C	O	D	I	U	Q	Í	L	Z	A
I	P	P	E	S	O	L	B	A	Ç	C	V	F	A	W	I
B	N	O	T	J	X	L	E	H	D	H	O	Y	W	W	C

ALCALINO
CLORO
ELÉTRON
ENZIMA
LÍQUIDO
GÁS
PESO
CALOR
ÍON
CATALISADOR
CARBONO
MOLÉCULA
NUCLEAR
ORGÂNICO
REAÇÃO
SAL
OXIGÉNIO
ÁCIDO
TEMPERATURA
HIDROGÊNIO

1 - Gesundheit und Wellness #2

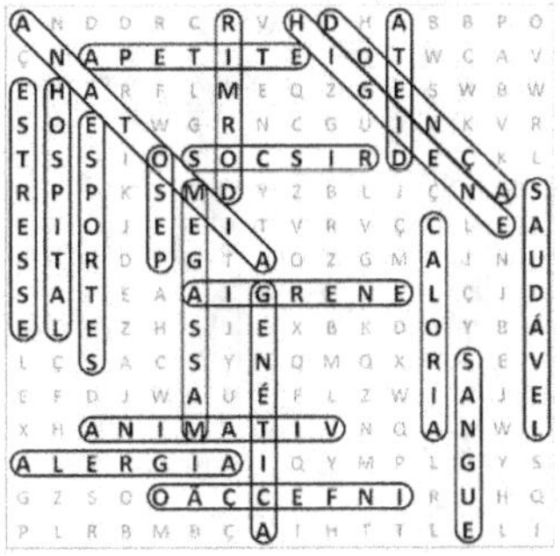

2 - Ozean

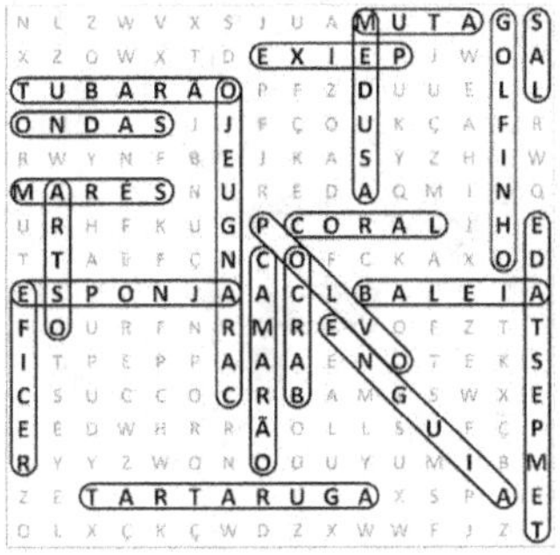

3 - Krankheit

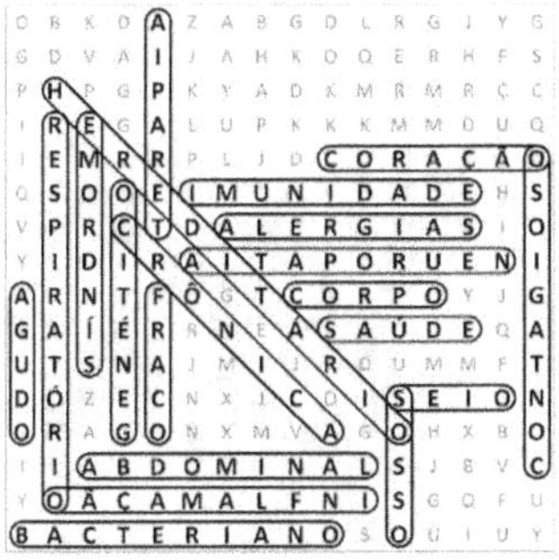

4 - Meditation

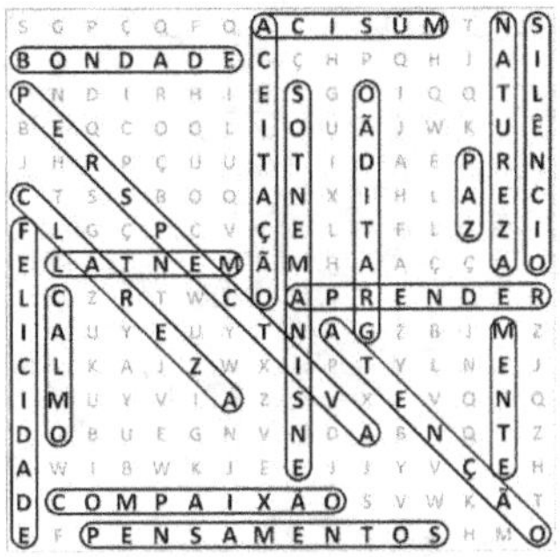

5 - Archäologie

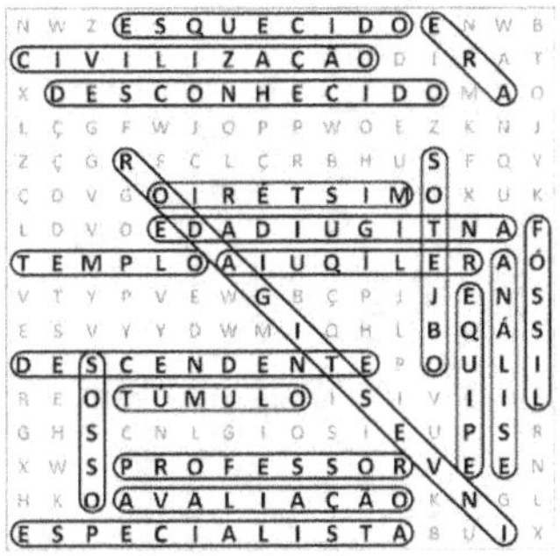

6 - Gesundheit und Wellness #1

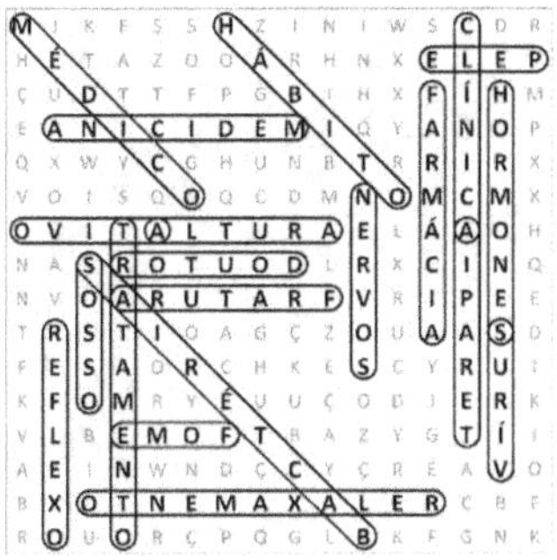

7 - Obst

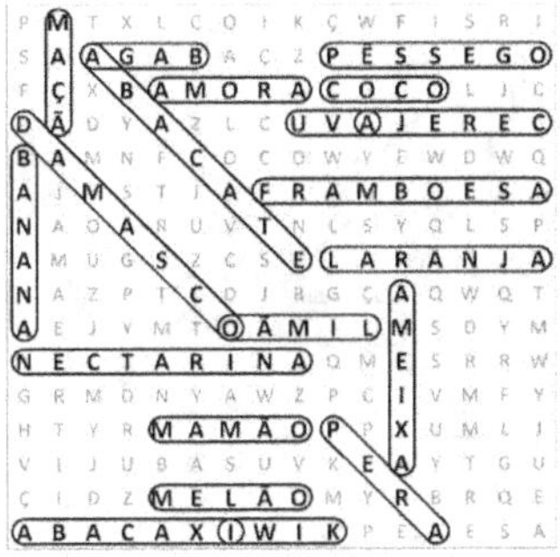

8 - Einwanderung

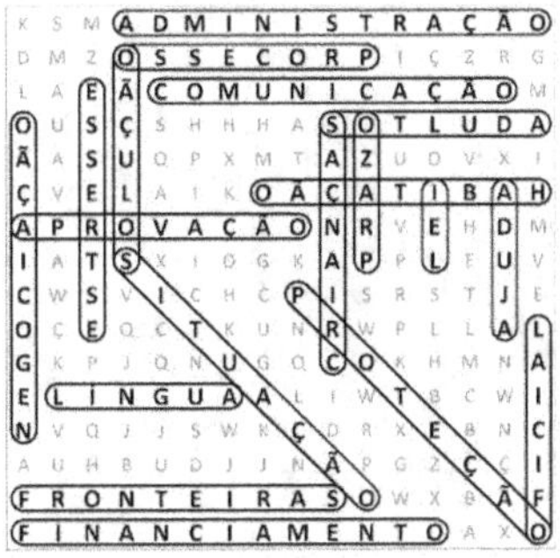

9 - Universum

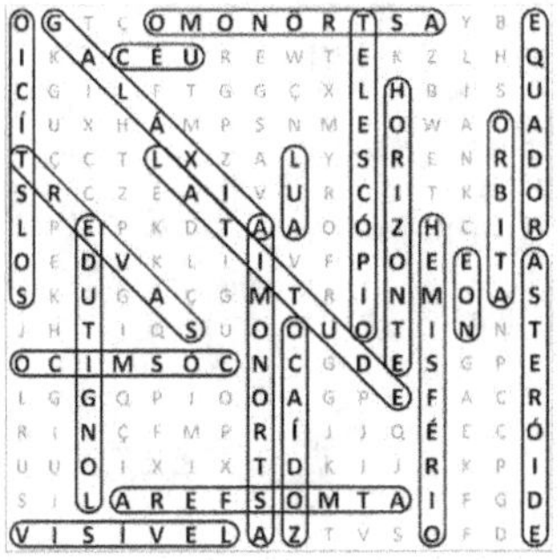

10 - Camping

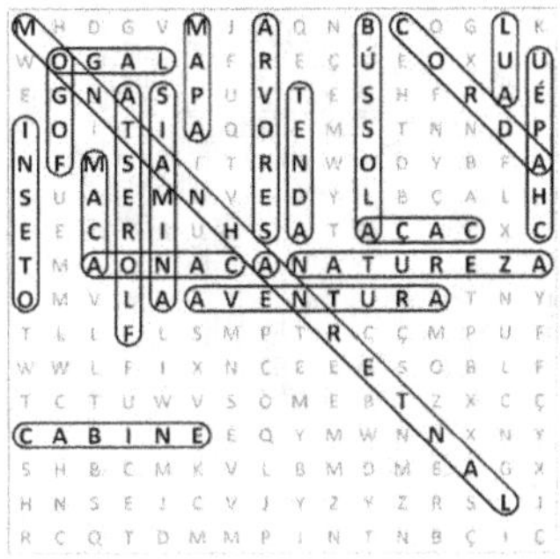

11 - Zeit

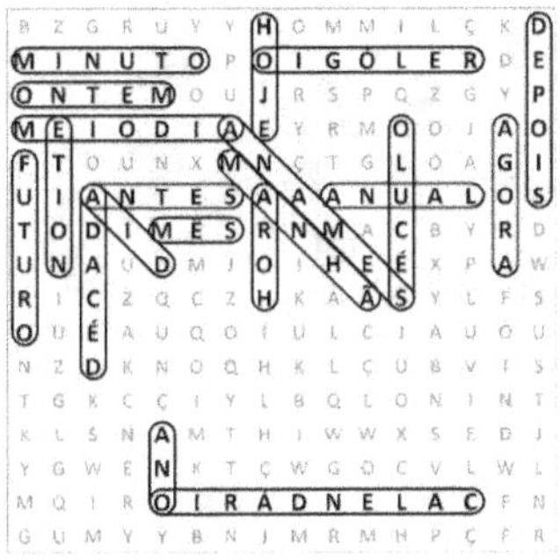

12 - Säugetiere

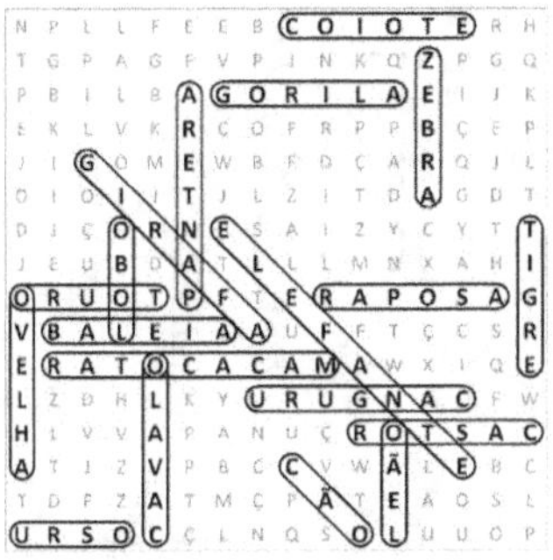

13 - Algebra

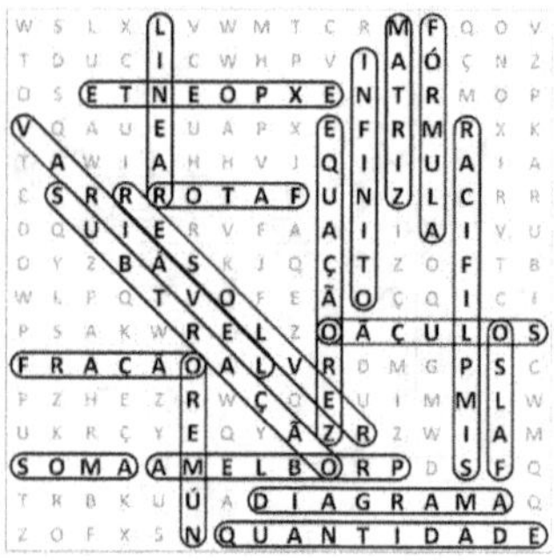

14 - Philanthropie

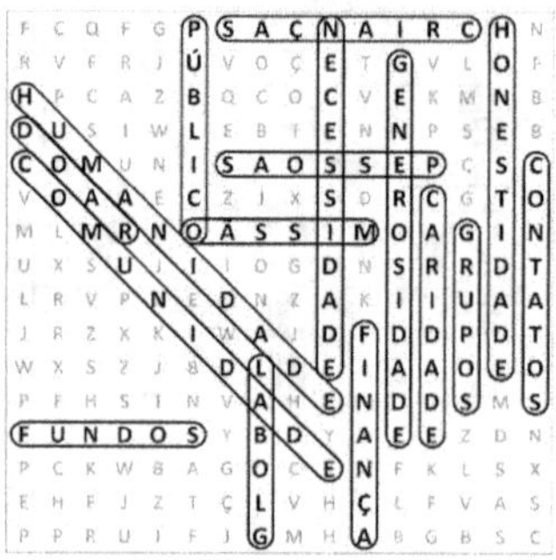

15 - Diplomatie

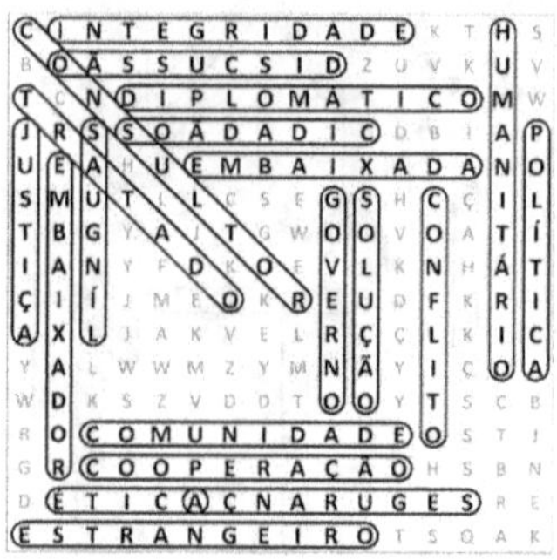

16 - Astronomie

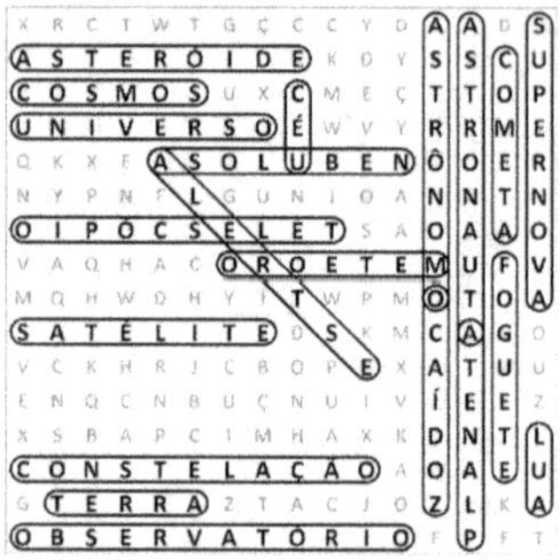

17 - Ballett

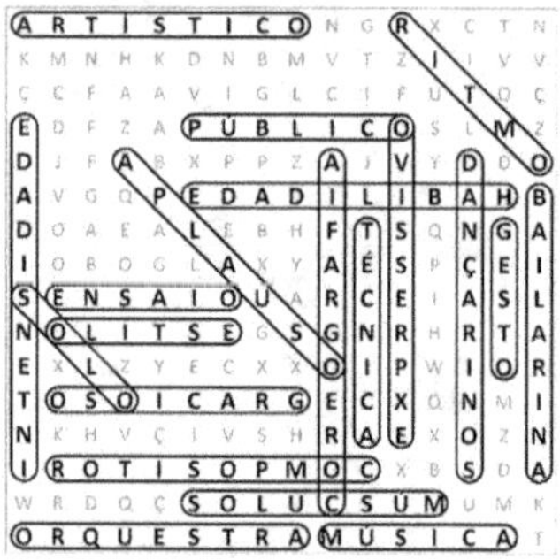

18 - Geologie

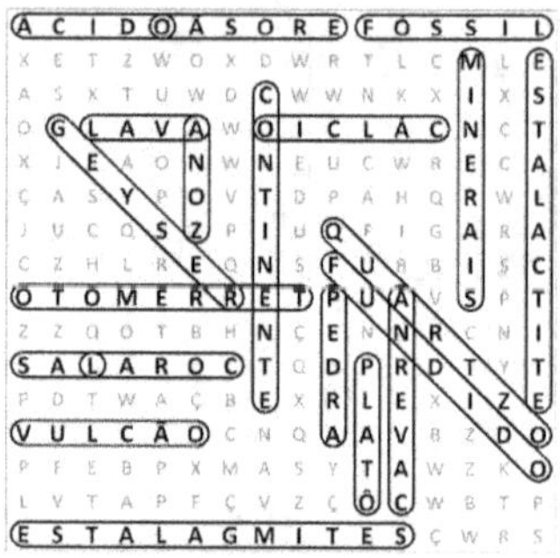

19 - Wissenschaft

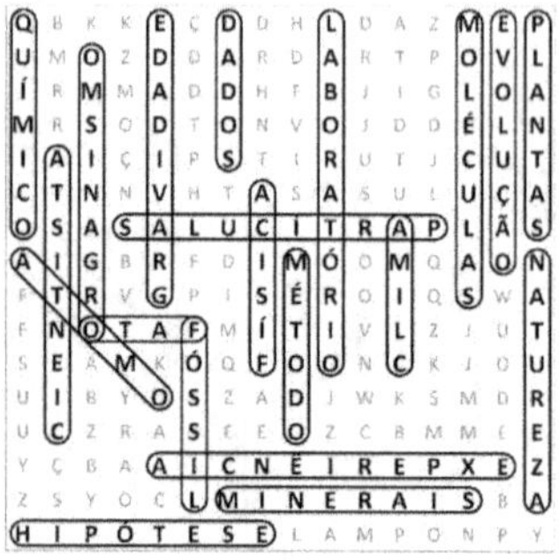

20 - Bildende Kunst

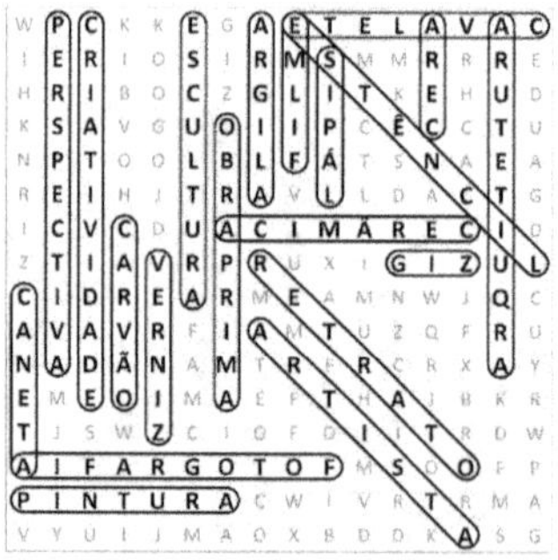

21 - Sport

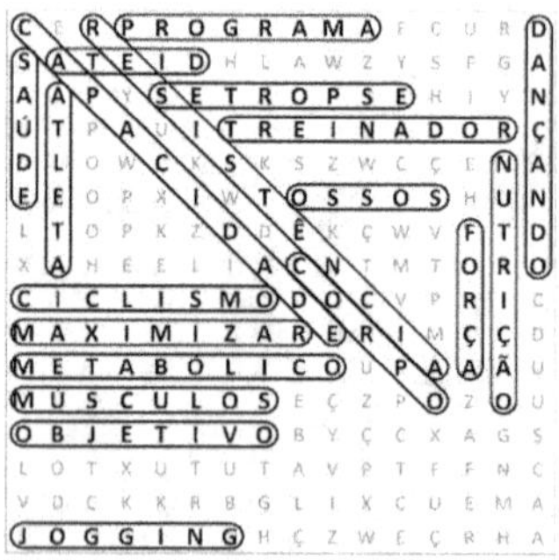

22 - Mythologie

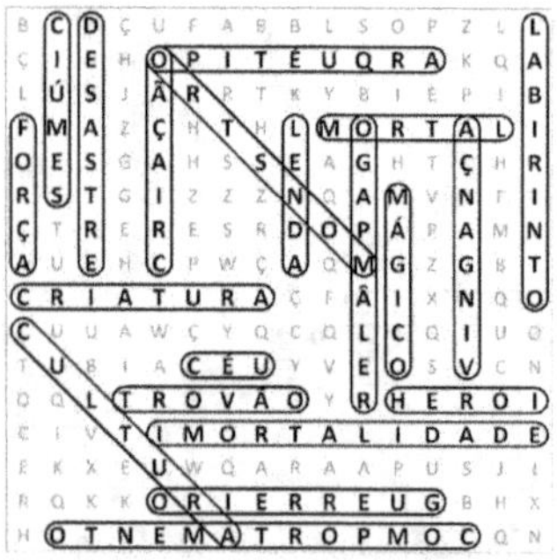

23 - Restaurant #2

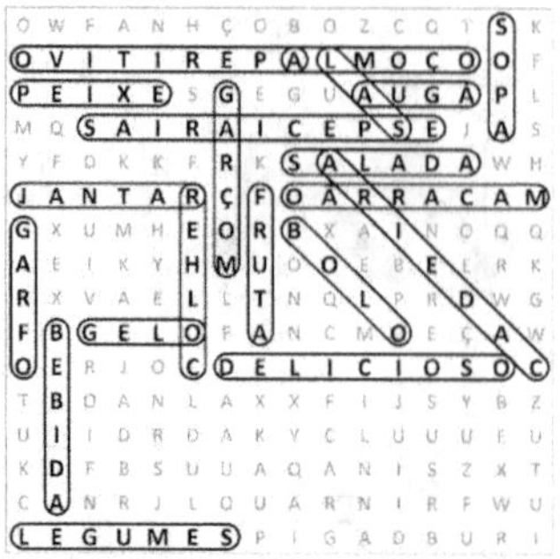

24 - Ökologie

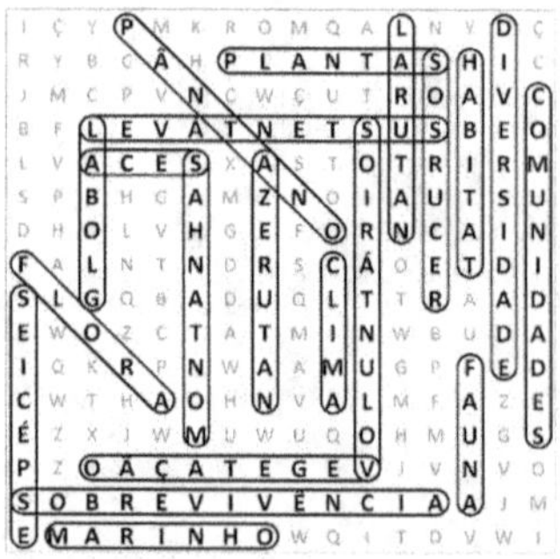

25 - Schokolade

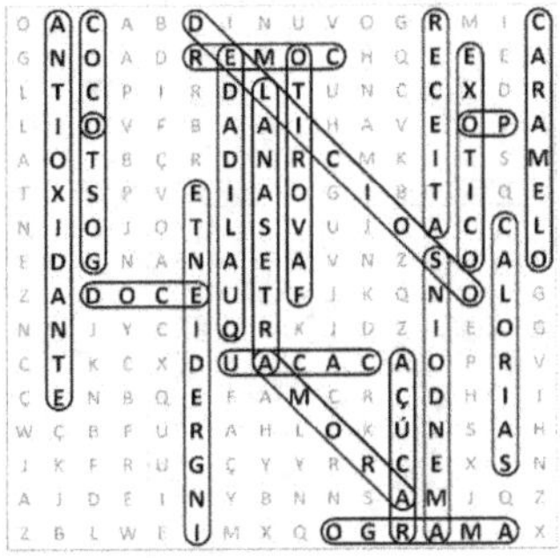

26 - Boote

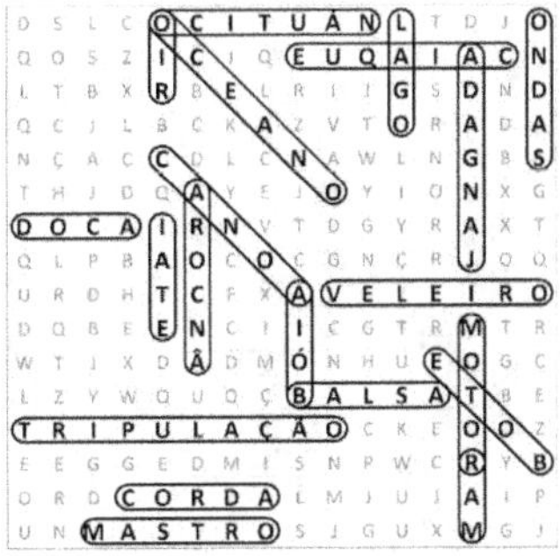

27 - Stadt

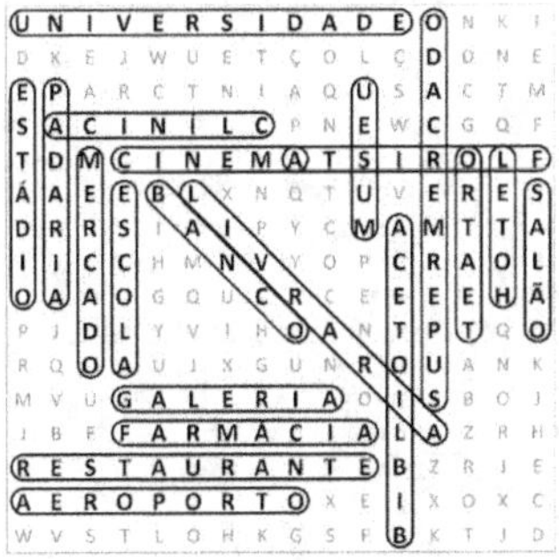

28 - Bienen

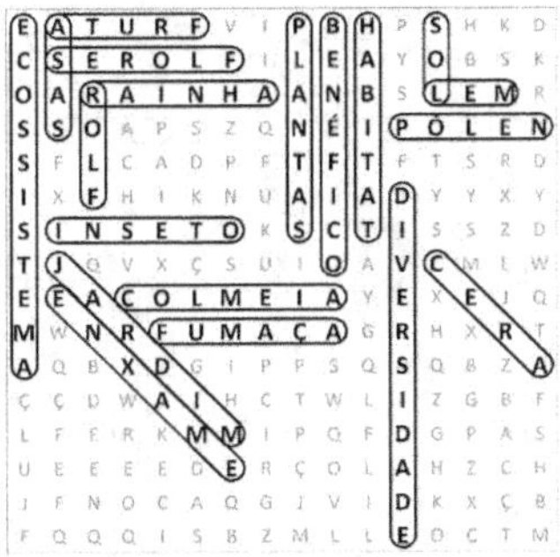

29 - Wissenschaftliche

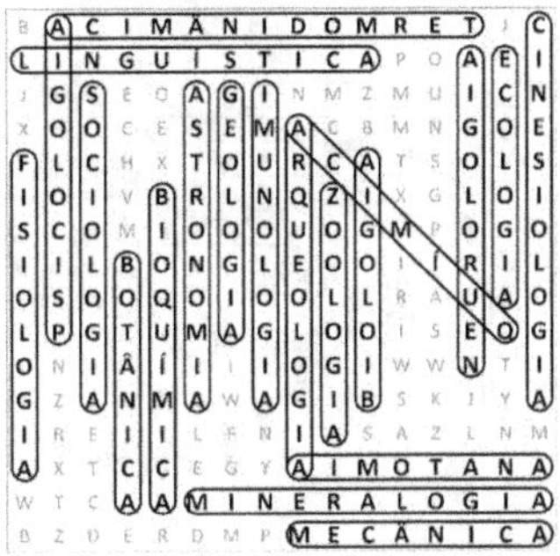

30 - Vögel

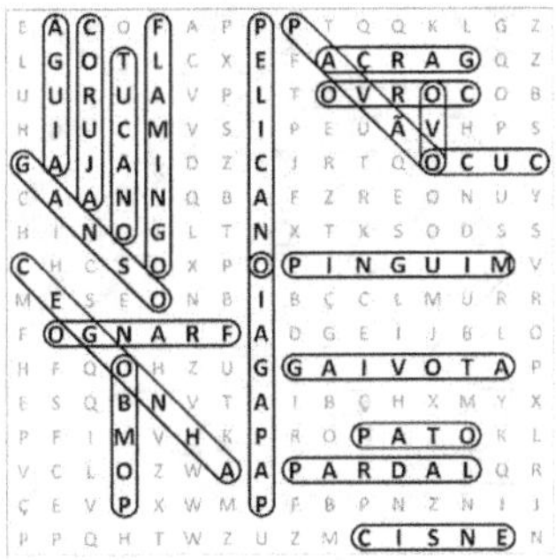

31 - Biologie

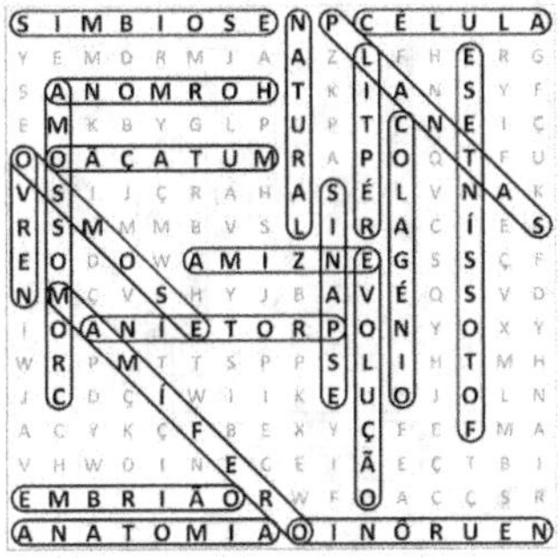

32 - Garten

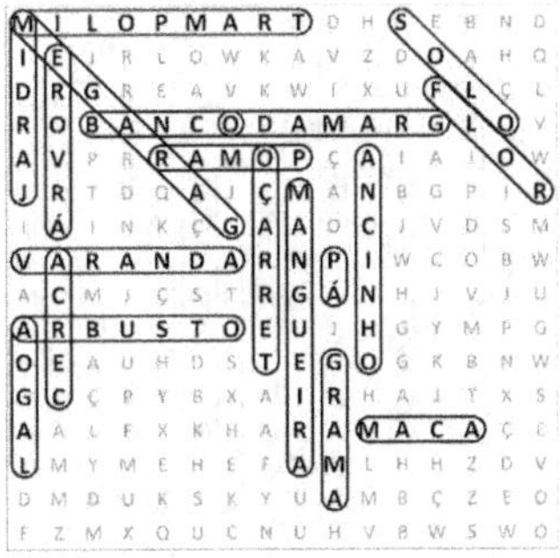

33 - Antarktis

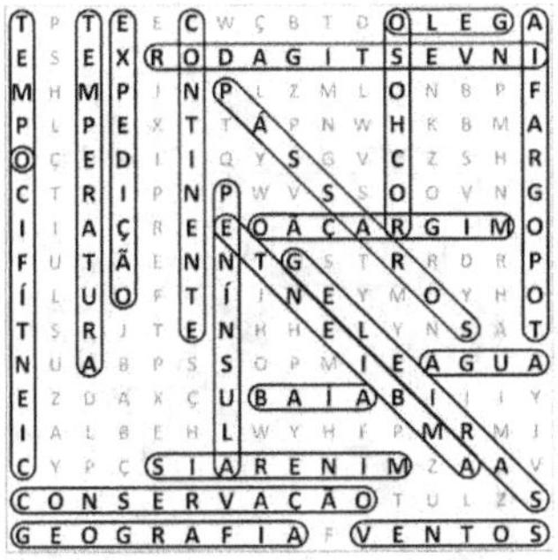

34 - Fahren

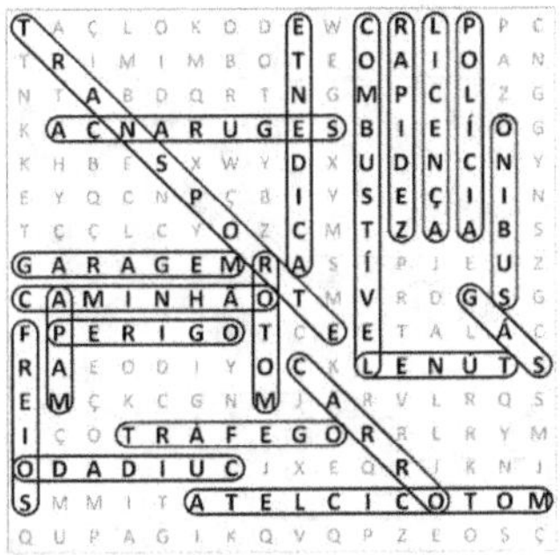

35 - Physik

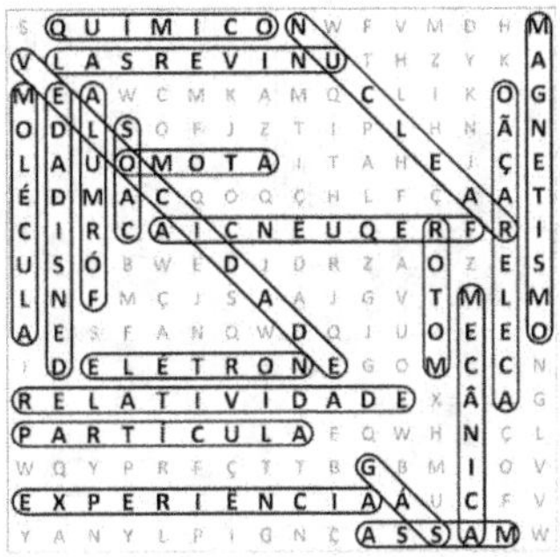

36 - Bücher

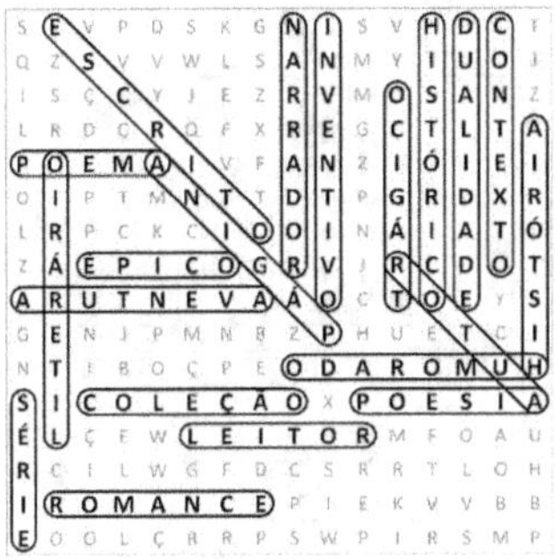

37 - Menschlicher Körper

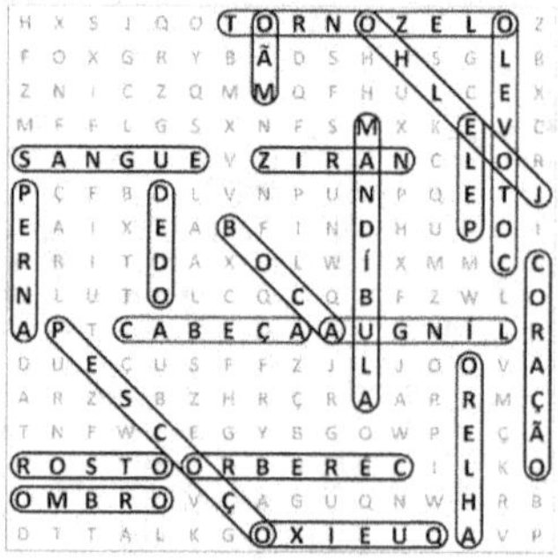

38 - Agronomie

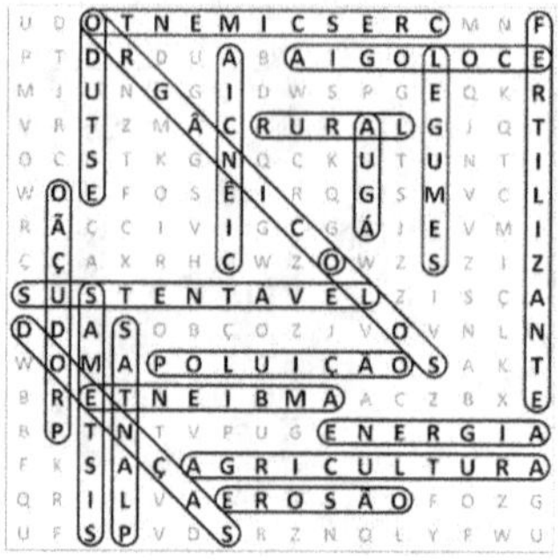

39 - Landschaften

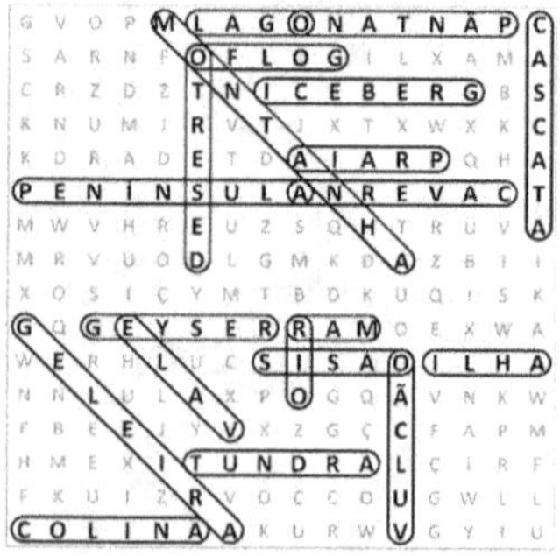

40 - Abenteuer

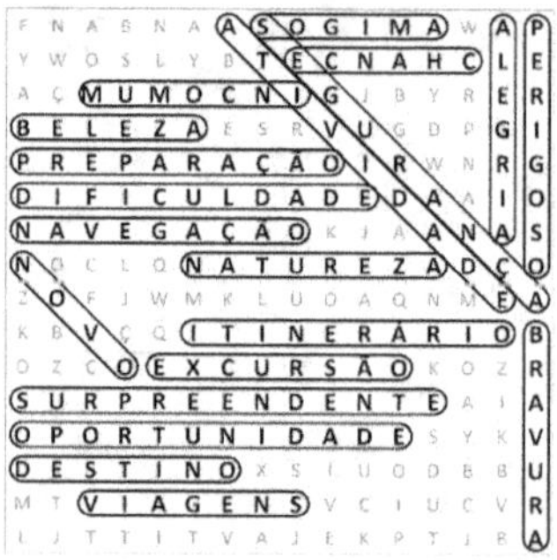

41 - Flugzeuge

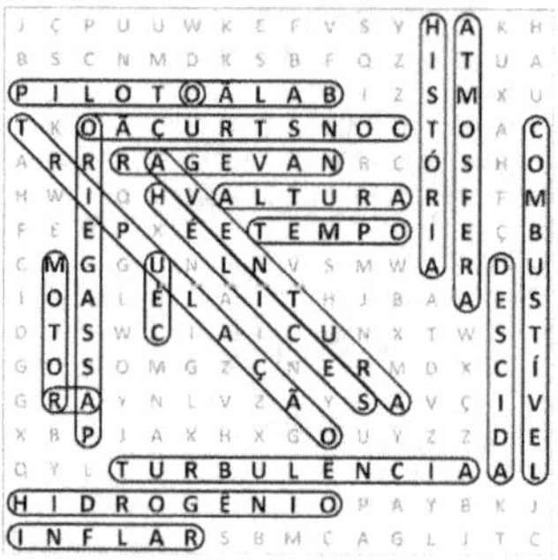

42 - Haartypen

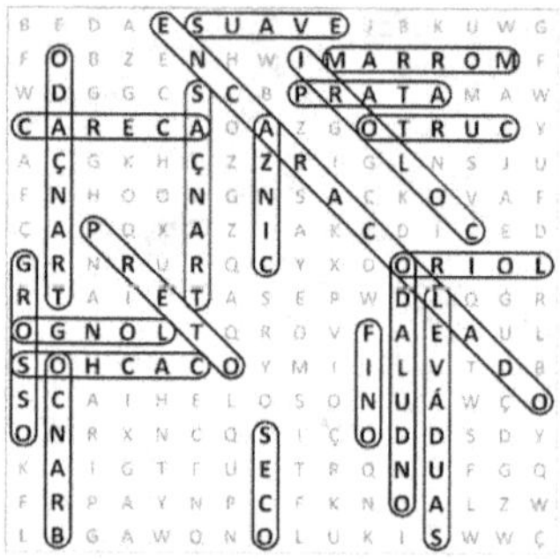

43 - Essen #1

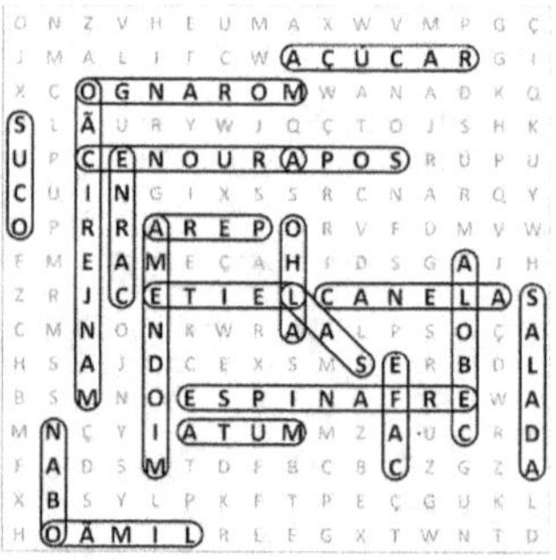

44 - Ethik

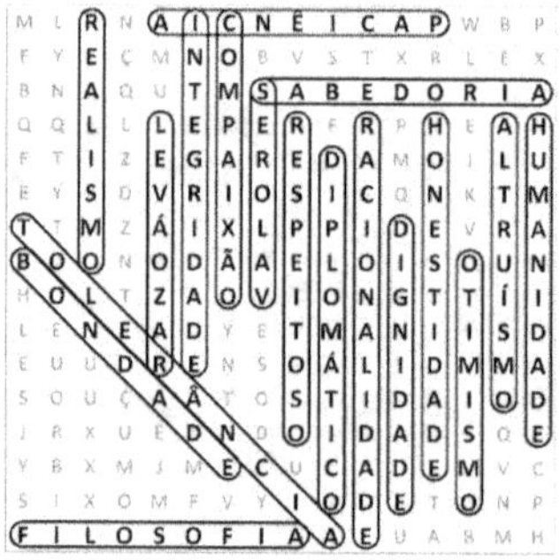

45 - Gebäude

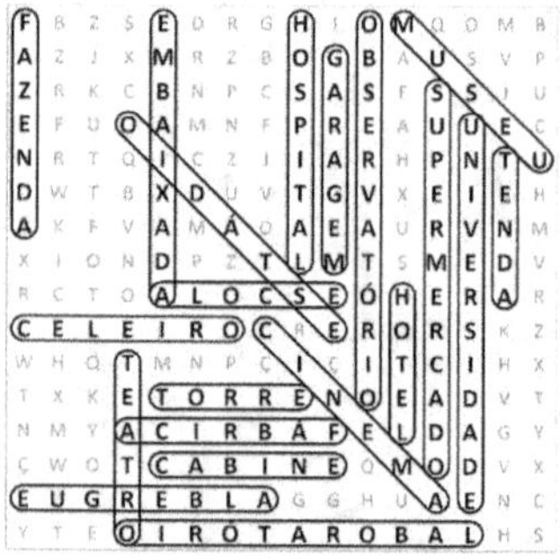

46 - Mode

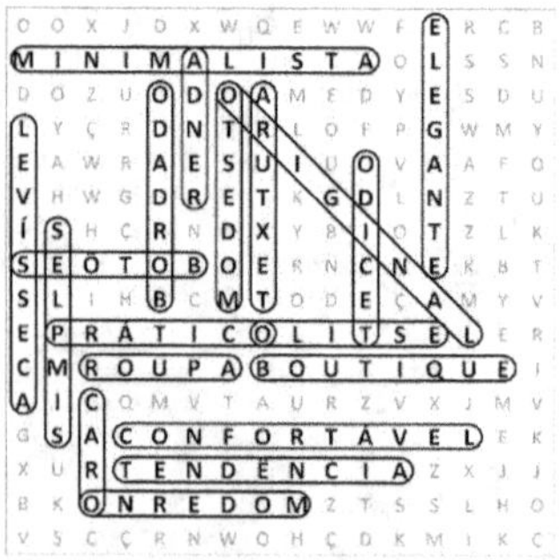

47 - Angeln

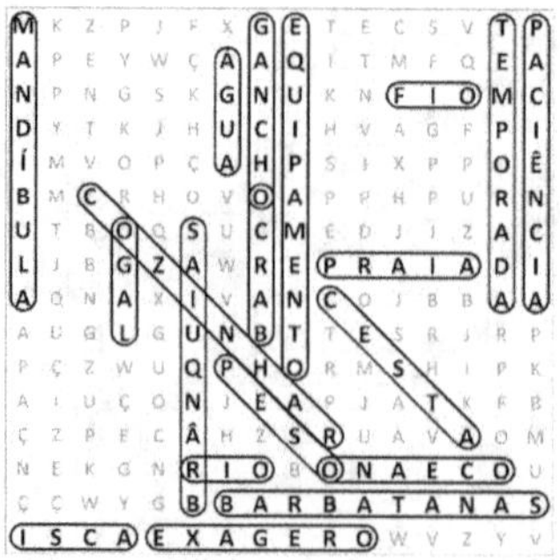

48 - Essen #2

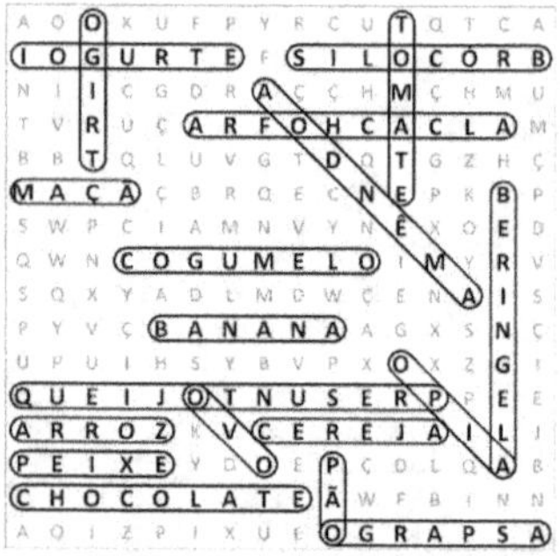

49 - Energie

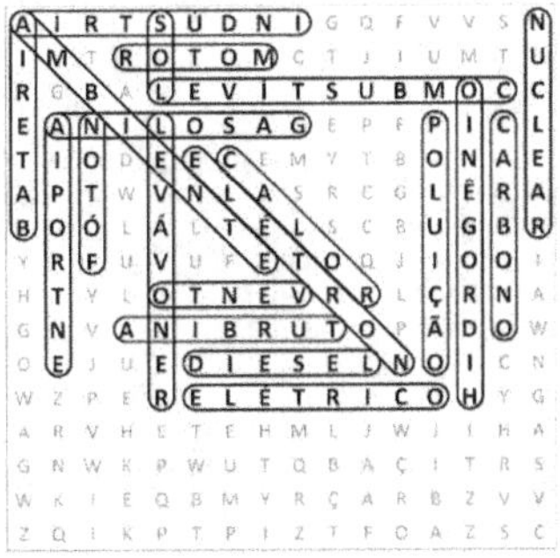

50 - Familie

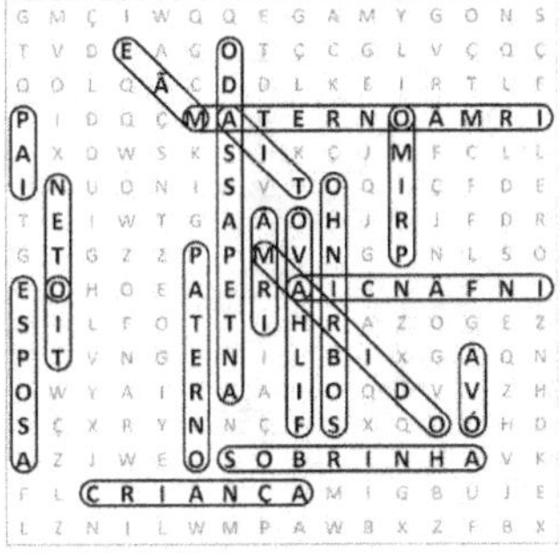

51 - Pflanzen

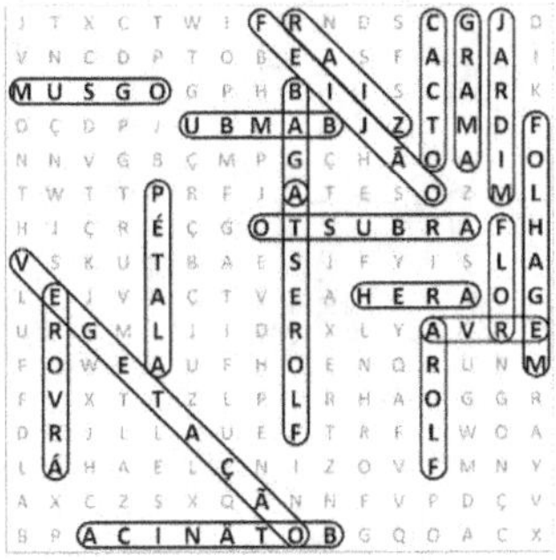

52 - Kunst

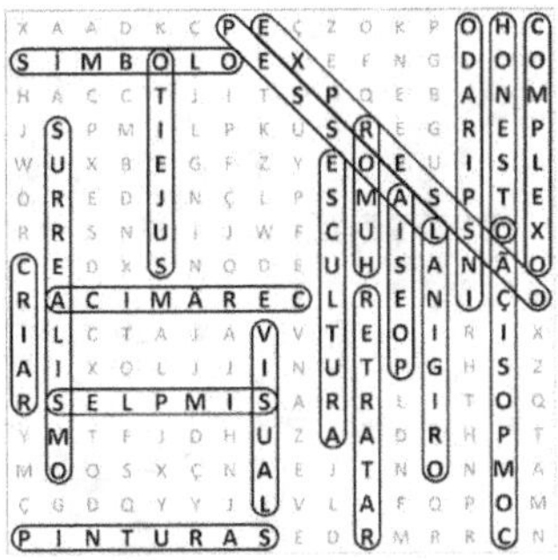

53 - Gewürze

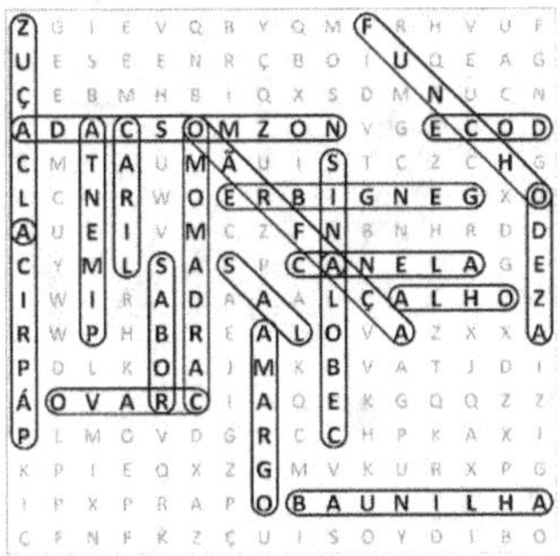

54 - Kreativität

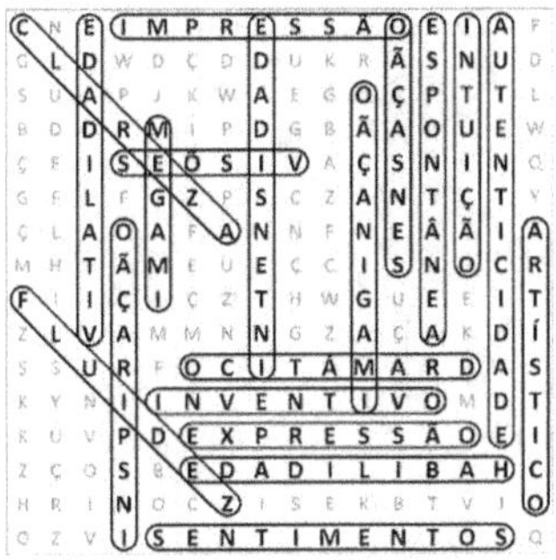

55 - Geschäft

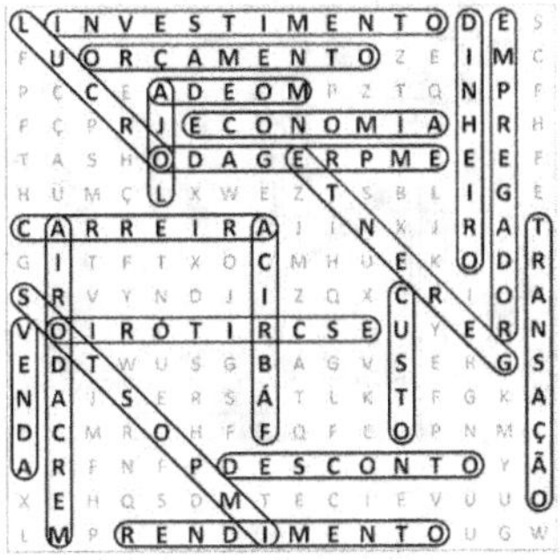

56 - Ingenieurwesen

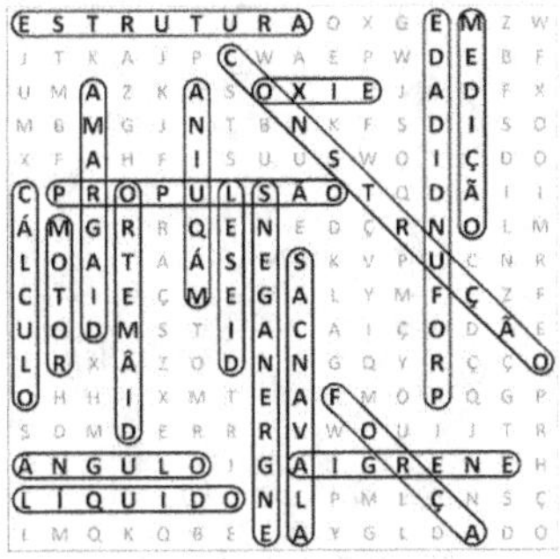

57 - Kaffee

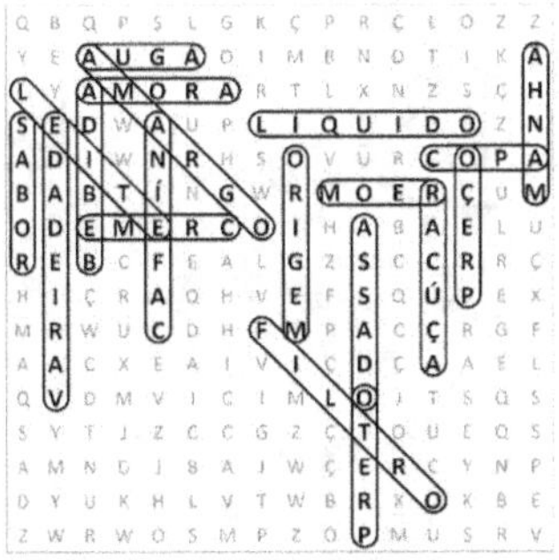

58 - Gemüse

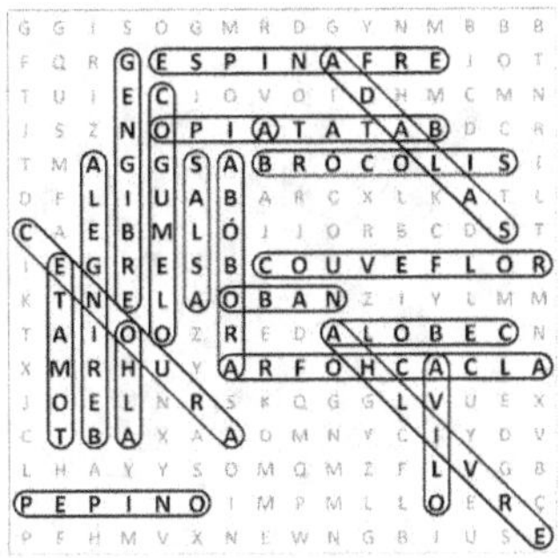

59 - Schönheit

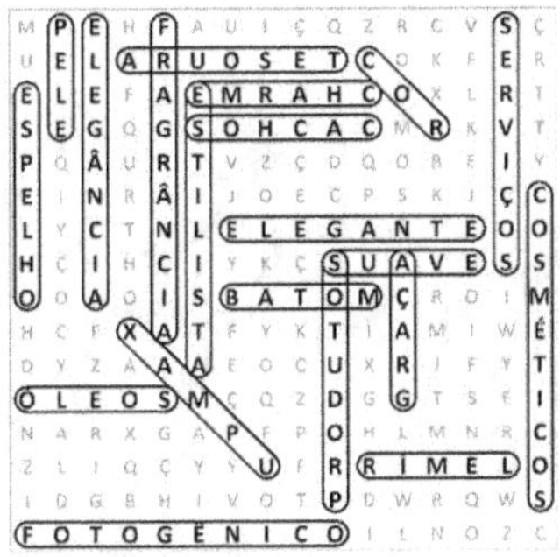

60 - Tanzen

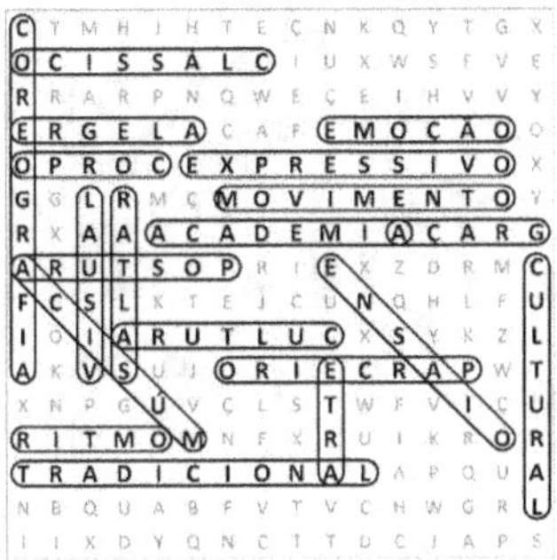

61 - Ernährung

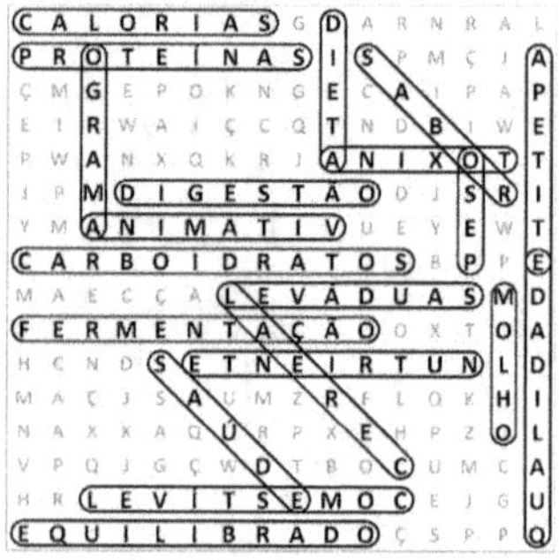

62 - Länder #1

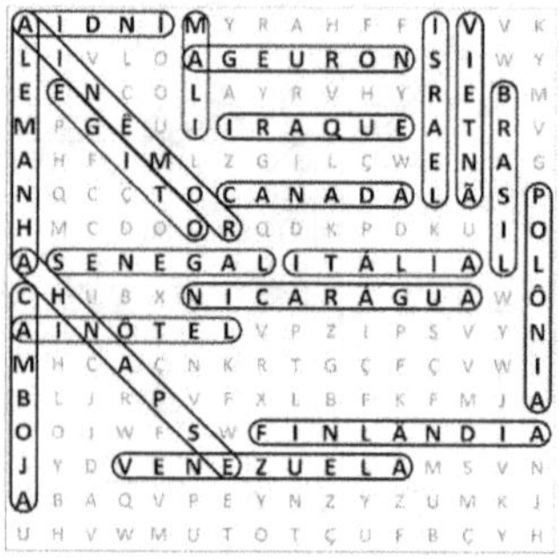

63 - Technologie

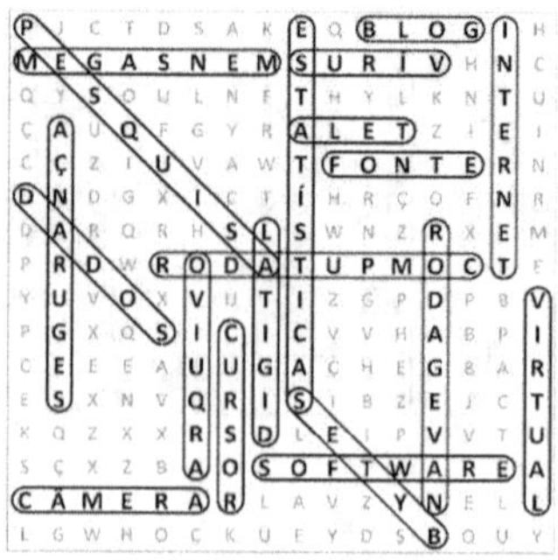

64 - Science Fiction

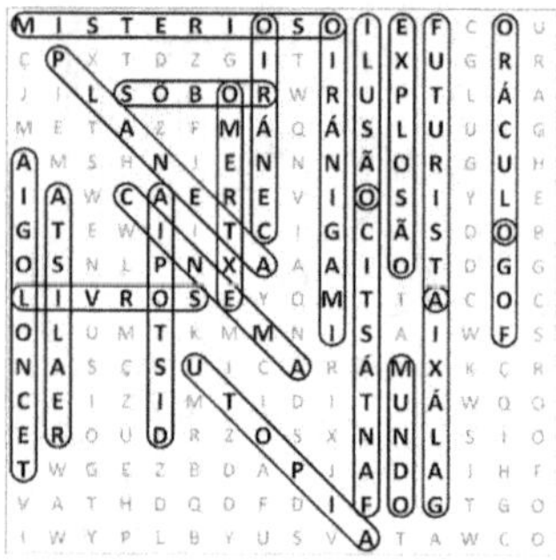

65 - Literatur

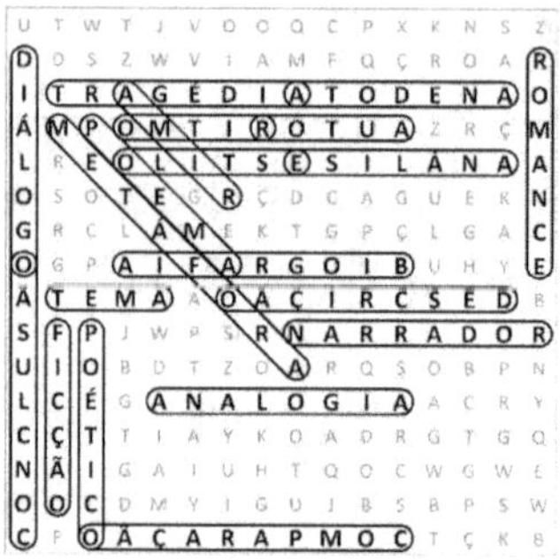

66 - Wandern

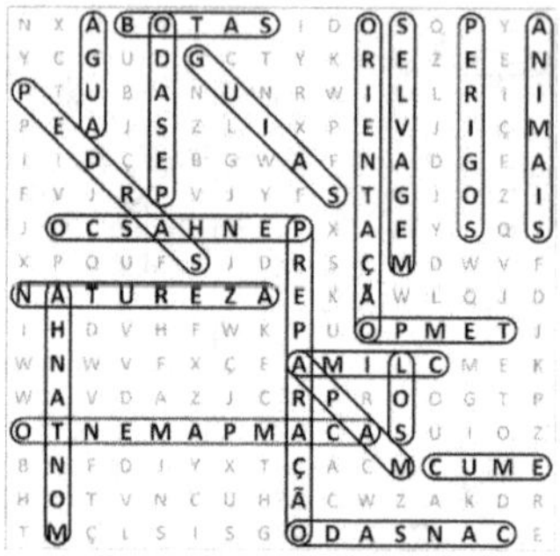

67 - Globale Erwärmung

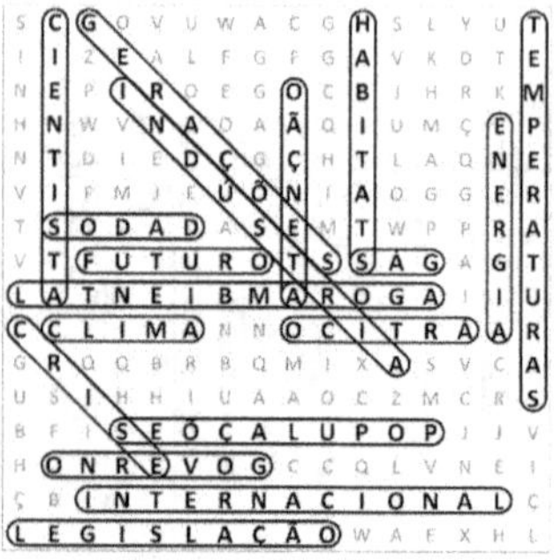

68 - Länder #2

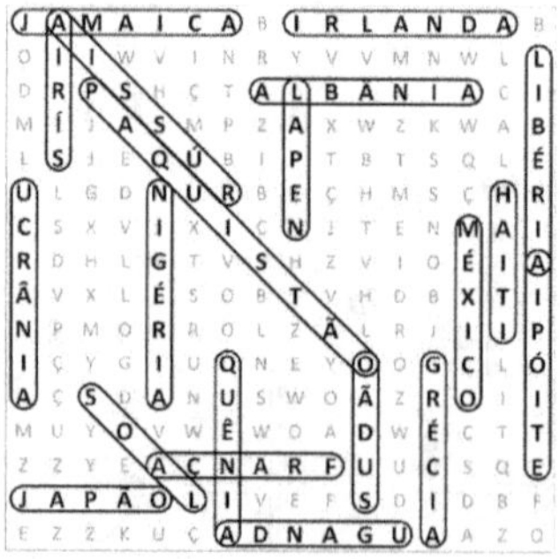

69 - Fahrzeuge

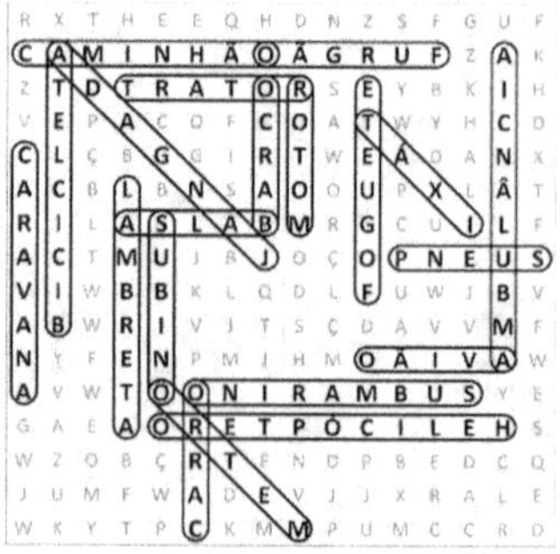

70 - Musikinstrumente

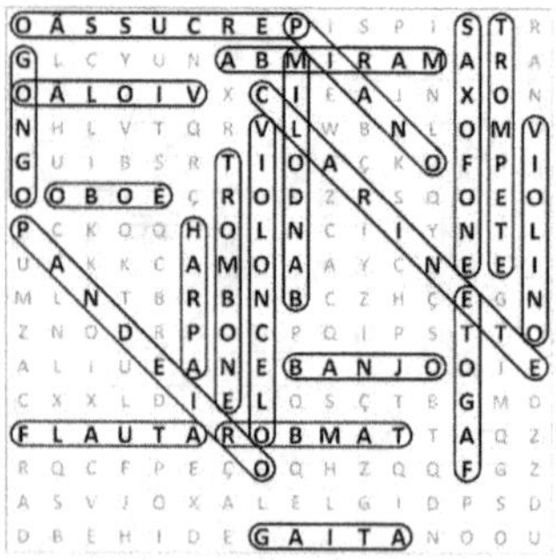

71 - Blumen

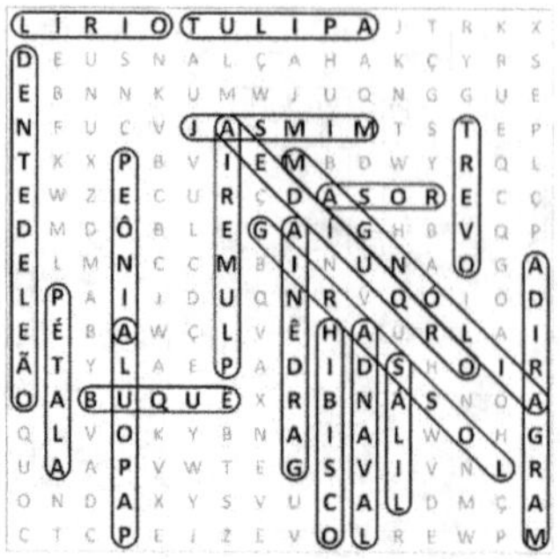

72 - Natur

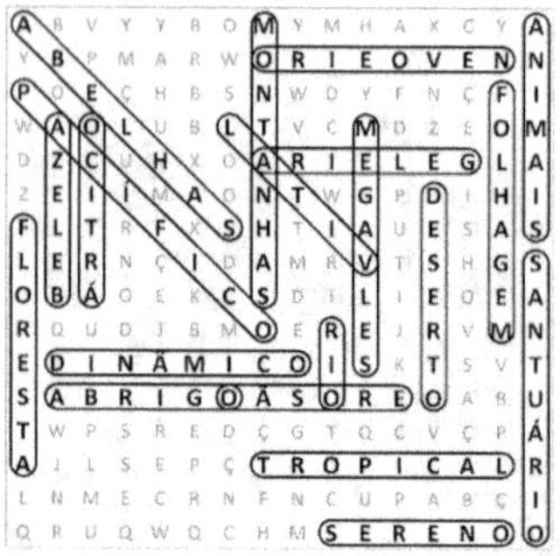

73 - Urlaub #2

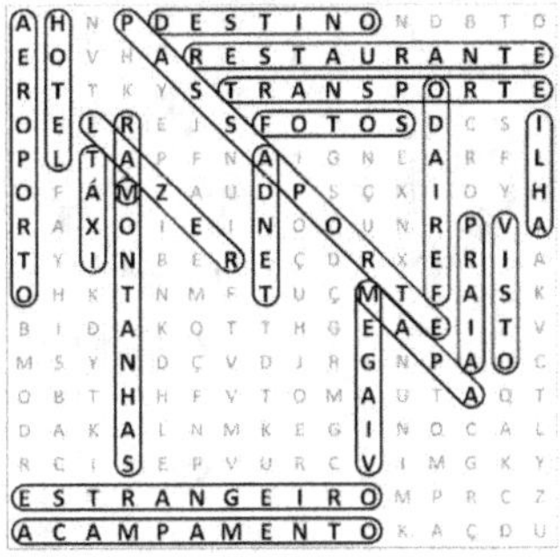

74 - Barbecues

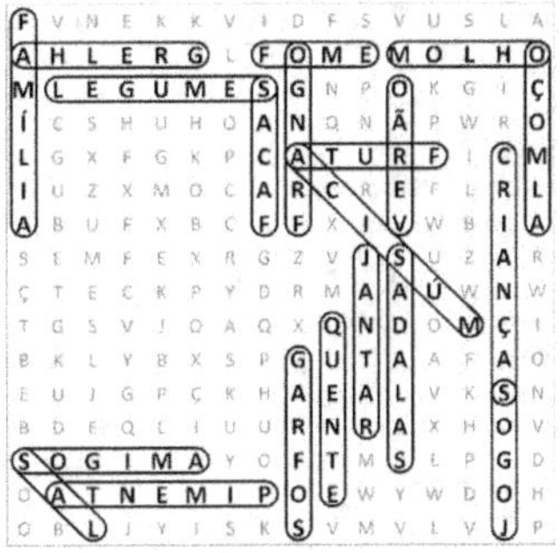

75 - Küche

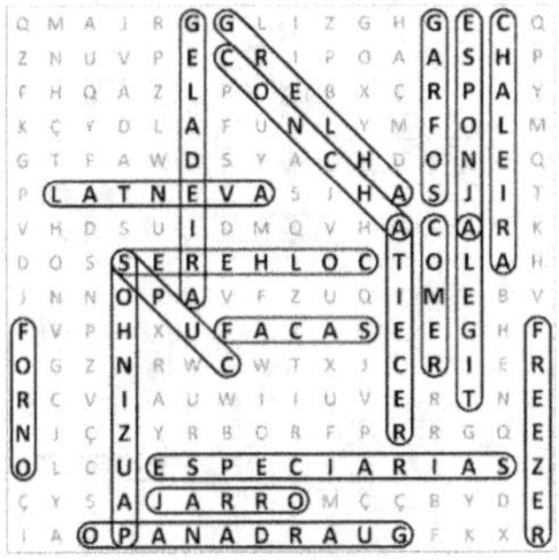

76 - Geographie

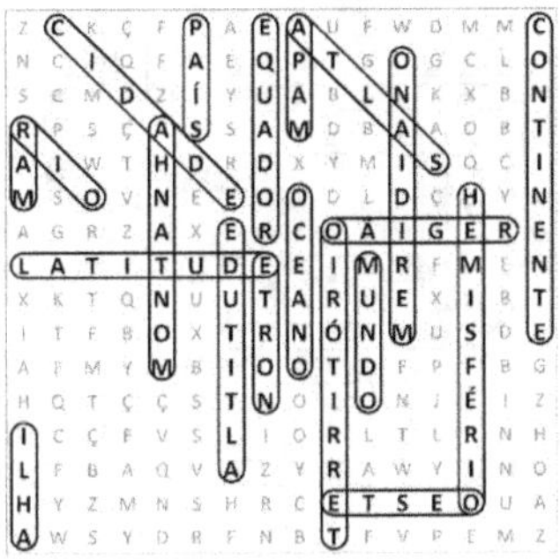

77 - Zahlen

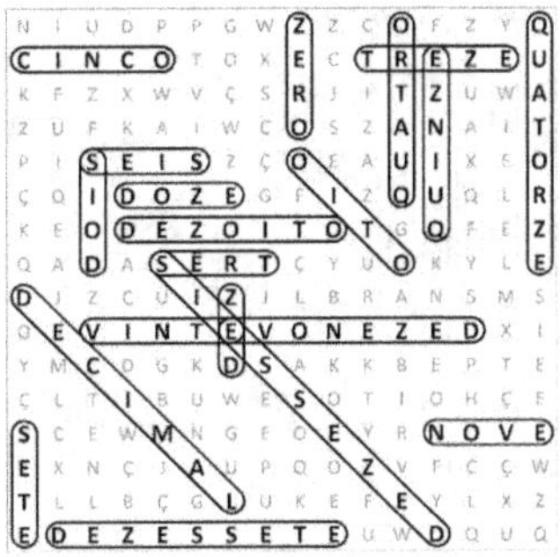

78 - Tage und Monate

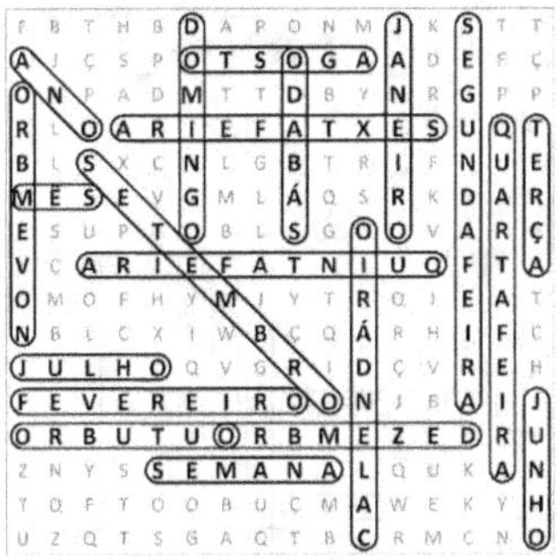

79 - Kräuterkunde

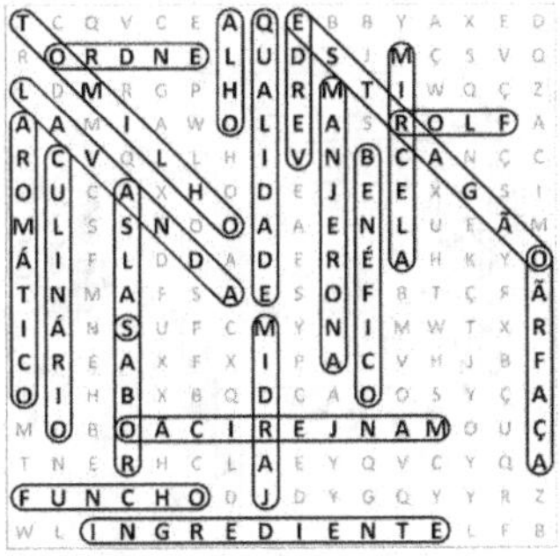

80 - Aktivitäten und Freizeit

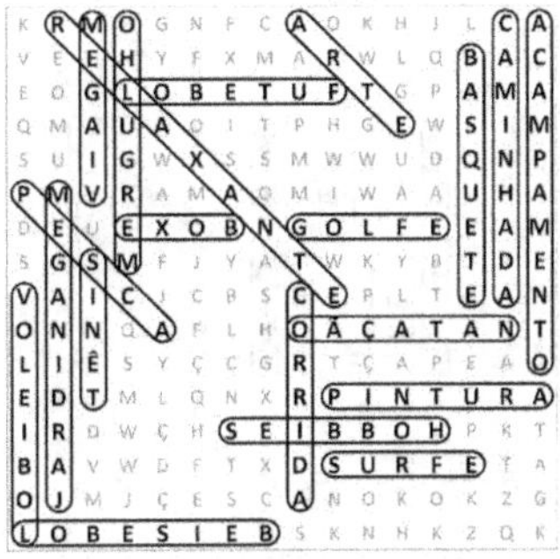

81 - Formen

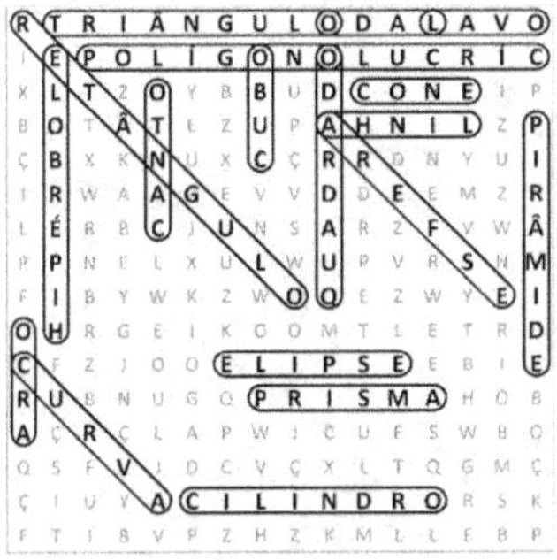

82 - Musik

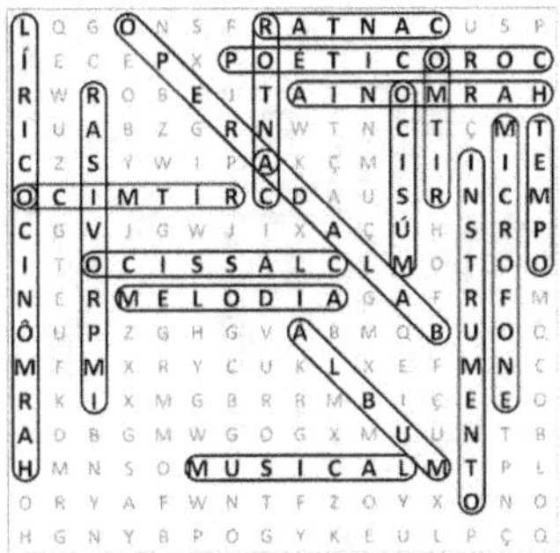

83 - Antiquitäten

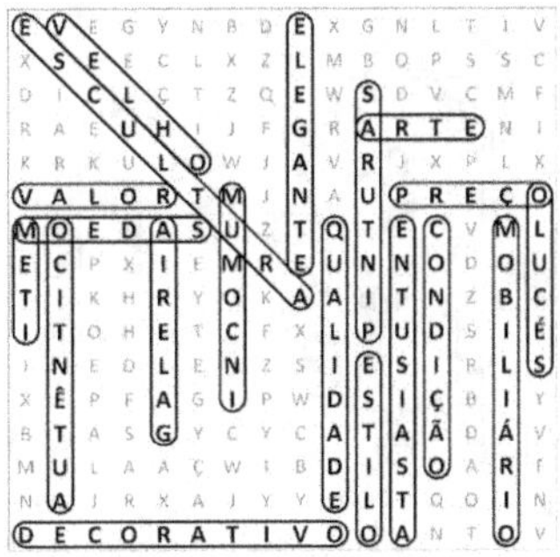

84 - Adjektive #2

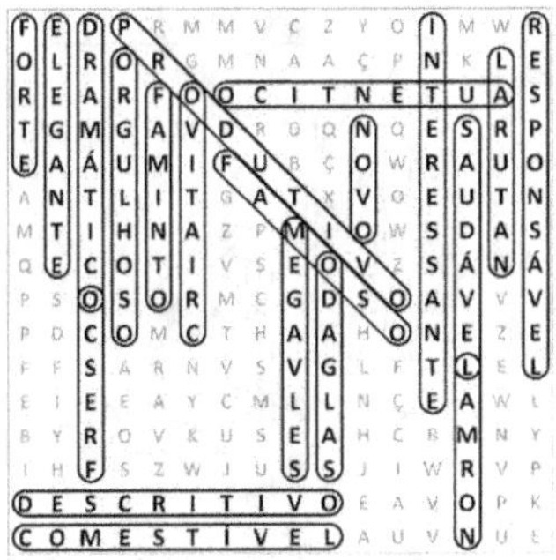

85 - Kleidung

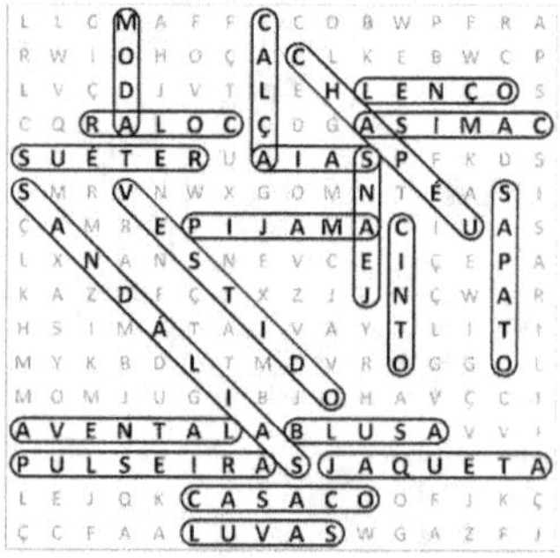

86 - Haus

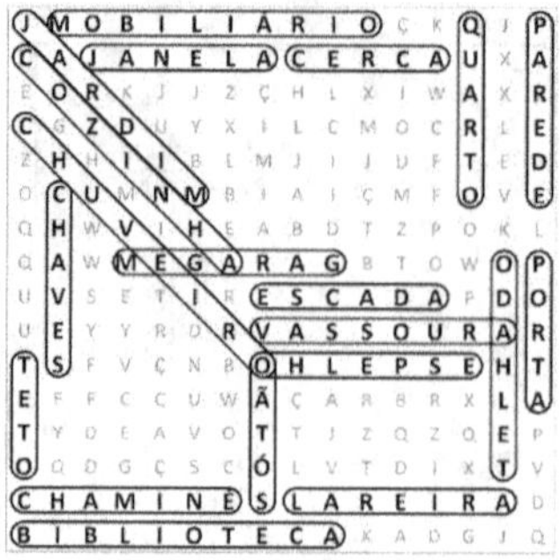

87 - Bauernhof #1

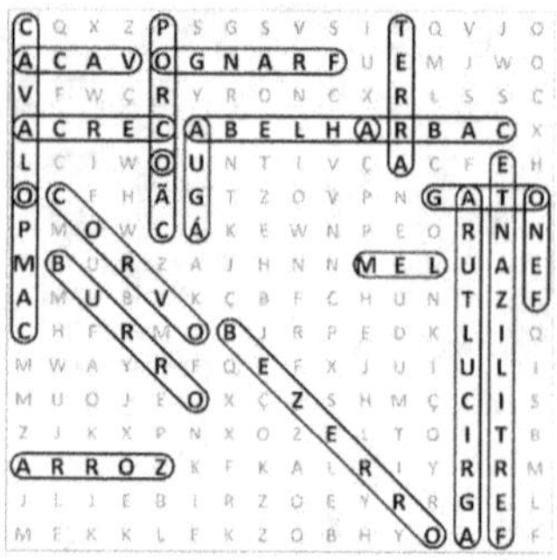

88 - Regierung

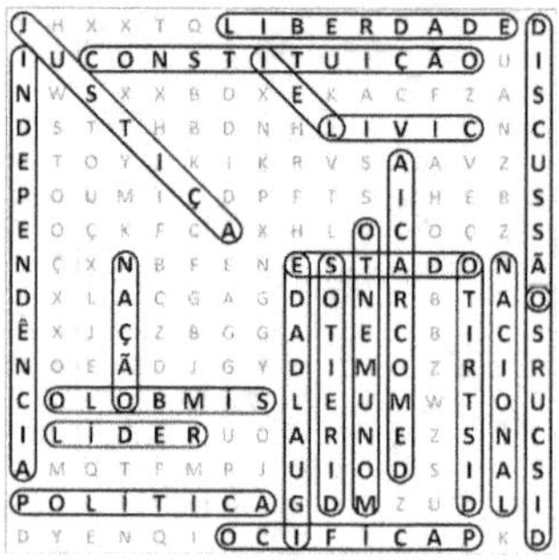

89 - Berufe #1

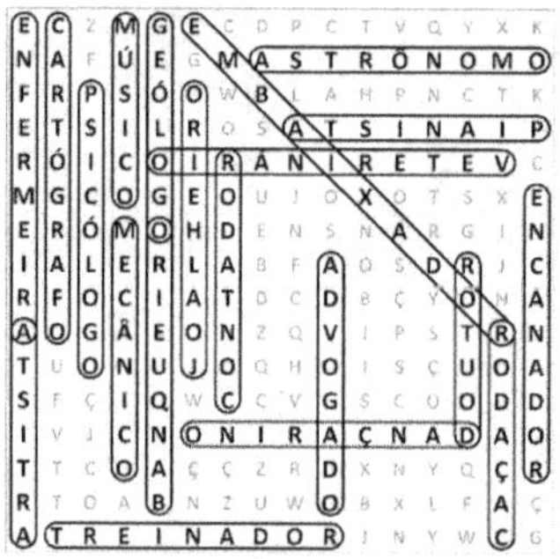

90 - Adjektive #1

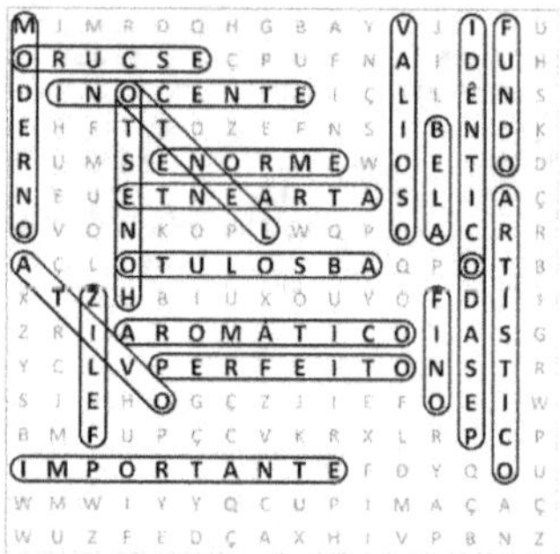

91 - Geometrie

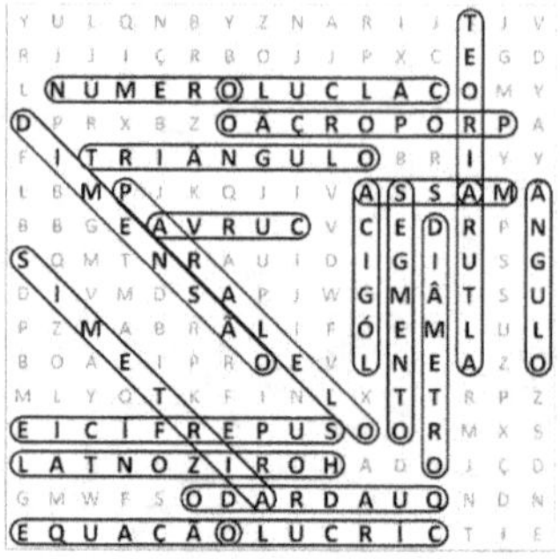

92 - Jazz

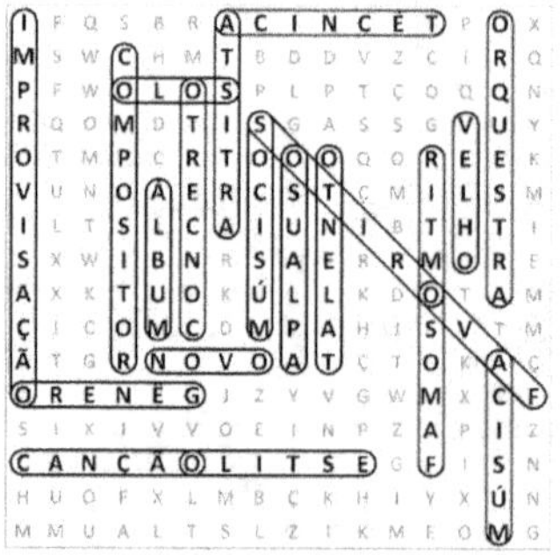

93 - Mathematik

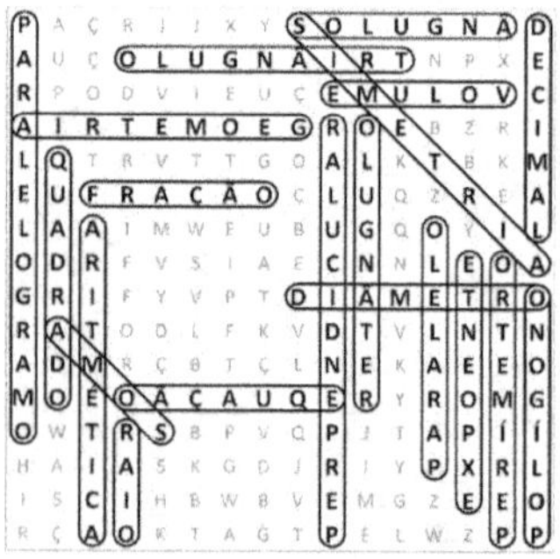

94 - Messungen

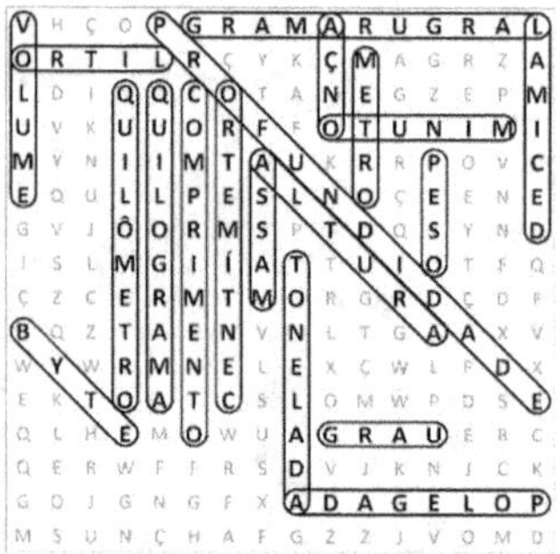

95 - Psychologie

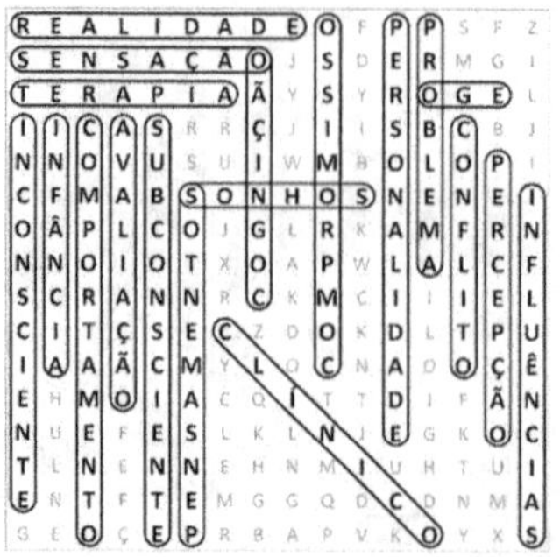

96 - Bauernhof #2

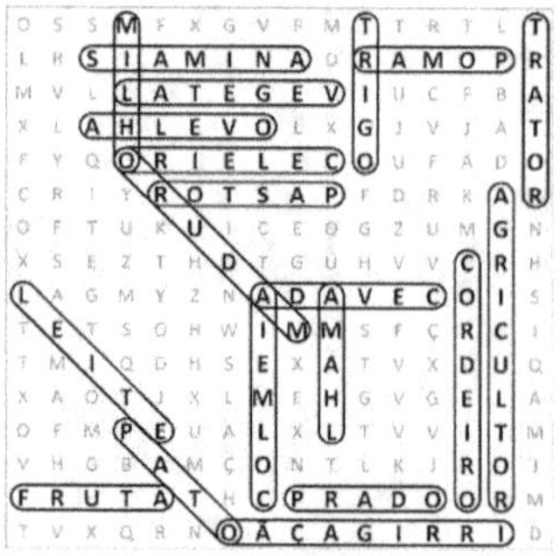

97 - Gartenarbeit

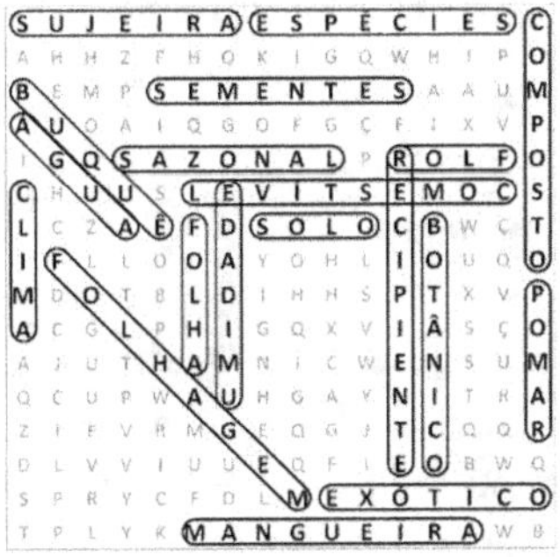

98 - Berufe #2

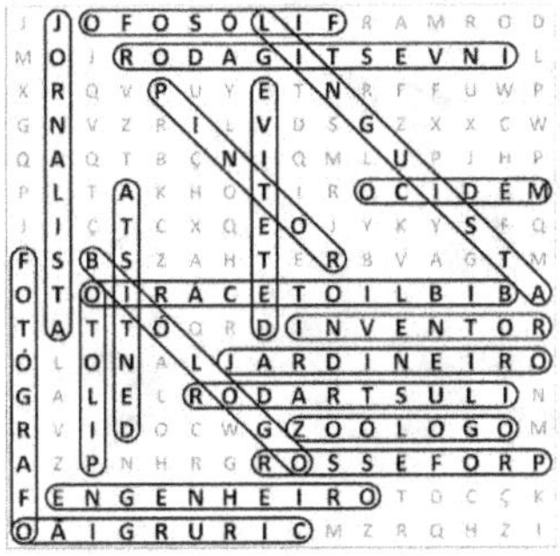

99 - Wetter

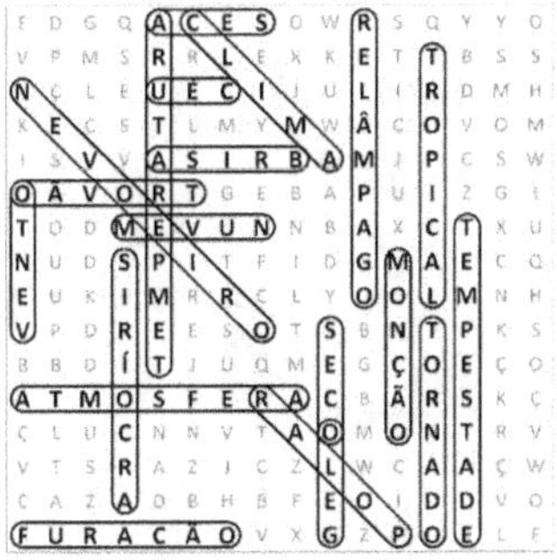

100 - Chemie

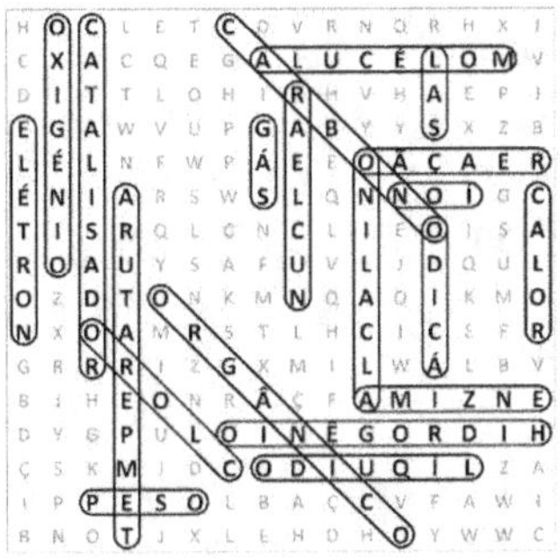

Wörterbuch

Abenteuer
Aventura

Aktivität	Atividade
Ausflug	Excursão
Chance	Chance
Freude	Alegria
Freunde	Amigos
Gefährlich	Perigoso
Gelegenheit	Oportunidade
Natur	Natureza
Navigation	Navegação
Neu	Novo
Reisen	Viagens
Route	Itinerário
Schönheit	Beleza
Schwierigkeit	Dificuldade
Sicherheit	Segurança
Tapferkeit	Bravura
Ungewöhnlich	Incomum
Überraschend	Surpreendente
Vorbereitung	Preparação
Ziel	Destino

Adjektive #1
Adjetivos #1

Absolut	Absoluto
Aktiv	Ativo
Aromatisch	Aromático
Attraktiv	Atraente
Dunkel	Escuro
Dünn	Fino
Ehrlich	Honesto
Glücklich	Feliz
Identisch	Idêntico
Künstlerisch	Artístico
Langsam	Lento
Modern	Moderno
Perfekt	Perfeito
Riesig	Enorme
Schön	Bela
Schwer	Pesado
Tief	Fundo
Unschuldig	Inocente
Wertvoll	Valioso
Wichtig	Importante

Adjektive #2
Adjetivos #2

Authentisch	Autêntico
Berühmt	Famoso
Beschreibend	Descritivo
Dramatisch	Dramático
Elegant	Elegante
Essbar	Comestível
Frisch	Fresco
Gesund	Saudável
Hungrig	Faminto
Interessant	Interessante
Kreativ	Criativo
Natürlich	Natural
Neu	Novo
Normal	Normal
Produktiv	Produtivo
Salzig	Salgado
Stark	Forte
Stolz	Orgulhoso
Verantwortlich	Responsável
Wild	Selvagem

Agronomie
Agronomia

Boden	Solo
Dünger	Fertilizante
Energie	Energia
Erosion	Erosão
Gemüse	Legumes
Krankheit	Doenças
Landwirtschaft	Agricultura
Ländlich	Rural
Nachhaltig	Sustentável
Organisch	Orgânico
Ökologie	Ecologia
Pflanzen	Plantas
Produktion	Produção
Studie	Estudo
Systeme	Sistemas
Umwelt	Ambiente
Verschmutzung	Poluição
Wachstum	Crescimento
Wasser	Água
Wissenschaft	Ciência

Aktivitäten und Freizeit
Atividades e Lazer

Angeln	Pesca
Baseball	Beisebol
Basketball	Basquete
Boxen	Boxe
Camping	Acampamento
Entspannend	Relaxante
Fussball	Futebol
Gartenarbeit	Jardinagem
Gemälde	Pintura
Golf	Golfe
Hobbies	Hobbies
Kunst	Arte
Reise	Viagem
Rennen	Corrida
Schwimmen	Natação
Surfen	Surfe
Tauchen	Mergulho
Tennis	Tênis
Volleyball	Voleibol
Wandern	Caminhada

Algebra
Álgebra

Bruchteil	Fração
Diagramm	Diagrama
Exponent	Expoente
Faktor	Fator
Falsch	Falso
Formel	Fórmula
Gleichung	Equação
Linear	Linear
Lösen	Resolver
Lösung	Solução
Matrix	Matriz
Menge	Quantidade
Null	Zero
Nummer	Número
Problem	Problema
Subtraktion	Subtração
Summe	Soma
Unendlich	Infinito
Variable	Variável
Vereinfachen	Simplificar

Angeln
Pesca

Ausrüstung	Equipamento
Boot	Barco
Draht	Fio
Flossen	Barbatanas
Fluss	Rio
Geduld	Paciência
Gewicht	Peso
Haken	Gancho
Jahreszeit	Temporada
Kiefer	Mandíbula
Kiemen	Brânquias
Kochen	Cozinhar
Korb	Cesta
Köder	Isca
Ozean	Oceano
See	Lago
Strand	Praia
Übertreibung	Exagero
Wasser	Água

Antarktis
Antártica

Bucht	Baía
Eis	Gelo
Erhaltung	Conservação
Expedition	Expedição
Felsig	Rochoso
Forscher	Investigador
Geographie	Geografia
Gletscher	Geleiras
Halbinsel	Península
Kontinent	Continente
Migration	Migração
Mineralien	Minerais
Temperatur	Temperatura
Topographie	Topografia
Umwelt	Ambiente
Vögel	Pássaros
Wasser	Água
Wetter	Tempo
Wind	Ventos
Wissenschaftlich	Científico

Antiquitäten
Antiguidades

Alt	Velho
Artikel	Item
Authentisch	Autêntico
Dekorativ	Decorativo
Elegant	Elegante
Enthusiast	Entusiasta
Galerie	Galeria
Gemälde	Pinturas
Investition	Investimento
Jahrhundert	Século
Kunst	Arte
Möbel	Mobiliário
Münzen	Moedas
Preis	Preço
Qualität	Qualidade
Skulptur	Escultura
Stil	Estilo
Ungewöhnlich	Incomum
Wert	Valor
Zustand	Condição

Archäologie
Arqueologia

Analyse	Análise
Antiquität	Antiguidade
Auswertung	Avaliação
Ära	Era
Experte	Especialista
Forscher	Investigador
Fossil	Fóssil
Geheimnis	Mistério
Grab	Túmulo
Knochen	Ossos
Mannschaft	Equipe
Nachkomme	Descendente
Objekte	Objetos
Professor	Professor
Relikt	Relíquia
Tempel	Templo
Unbekannt	Desconhecido
Vergessen	Esquecido
Zivilisation	Civilização

Astronomie
Astronomia

Asteroid	Asteróide
Astronaut	Astronauta
Astronom	Astrônomo
Erde	Terra
Himmel	Céu
Komet	Cometa
Konstellation	Constelação
Kosmos	Cosmos
Meteor	Meteoro
Mond	Lua
Nebel	Nebulosa
Observatorium	Observatório
Planet	Planeta
Rakete	Foguete
Satellit	Satélite
Stern	Estrela
Supernova	Supernova
Teleskop	Telescópio
Tierkreis	Zodíaco
Universum	Universo

Ballett
Balé

Anmutig	Gracioso
Applaus	Aplauso
Ausdrucksvoll	Expressivo
Ballerina	Bailarina
Choreographie	Coreografia
Fähigkeit	Habilidade
Geste	Gesto
Intensität	Intensidade
Komponist	Compositor
Künstlerisch	Artístico
Musik	Música
Muskel	Músculos
Orchester	Orquestra
Probe	Ensaio
Publikum	Público
Rhythmus	Ritmo
Solo	Solo
Stil	Estilo
Tänzer	Dançarinos
Technik	Técnica

Barbecues
Churrascos

Abendessen	Jantar
Familie	Família
Freunde	Amigos
Frucht	Fruta
Gabeln	Garfos
Gemüse	Legumes
Grill	Grelha
Heiss	Quente
Huhn	Frango
Hunger	Fome
Kinder	Crianças
Messer	Facas
Mittagessen	Almoço
Musik	Música
Pfeffer	Pimenta
Salate	Saladas
Salz	Sal
Sommer	Verão
Sosse	Molho
Spiele	Jogos

Bauernhof #1
Fazenda #1

Biene	Abelha
Dünger	Fertilizante
Esel	Burro
Feld	Campo
Heu	Feno
Honig	Mel
Huhn	Frango
Hund	Cão
Kalb	Bezerro
Katze	Gato
Krähe	Corvo
Kuh	Vaca
Land	Terra
Landwirtschaft	Agricultura
Pferd	Cavalo
Reis	Arroz
Schwein	Porco
Wasser	Água
Zaun	Cerca
Ziege	Cabra

Bauernhof #2
Fazenda #2

Bauer	Agricultor
Bewässerung	Irrigação
Bienenstock	Colmeia
Ente	Pato
Frucht	Fruta
Gemüse	Vegetal
Gerste	Cevada
Lama	Lhama
Lamm	Cordeiro
Mais	Milho
Milch	Leite
Obstgarten	Pomar
Reif	Maduro
Schaf	Ovelha
Schäfer	Pastor
Scheune	Celeiro
Tiere	Animais
Traktor	Trator
Weizen	Trigo
Wiese	Prado

Berufe #1
Profissões #1

Arzt	Doutor
Astronom	Astrônomo
Bankier	Banqueiro
Botschafter	Embaixador
Buchhalter	Contador
Geologe	Geólogo
Jäger	Caçador
Juwelier	Joalheiro
Kartograph	Cartógrafo
Klempner	Encanador
Krankenschwest er	Enfermeira
Künstler	Artista
Mechaniker	Mecânico
Musiker	Músico
Pianist	Pianista
Psychologe	Psicólogo
Rechtsanwalt	Advogado
Tänzer	Dançarino
Tierarzt	Veterinário
Trainer	Treinador

Berufe #2
Profissões #2

Arzt	Médico
Astronaut	Astronauta
Bibliothekar	Bibliotecário
Biologe	Biólogo
Chirurg	Cirurgião
Detektiv	Detetive
Erfinder	Inventor
Forscher	Investigador
Fotograf	Fotógrafo
Gärtner	Jardineiro
Illustrator	Ilustrador
Ingenieur	Engenheiro
Journalist	Jornalista
Lehrer	Professor
Linguist	Linguista
Maler	Pintor
Philosoph	Filósofo
Pilot	Piloto
Zahnarzt	Dentista
Zoologe	Zoólogo

Bienen
Abelhas

Bienenkorb	Colmeia
Blumen	Flores
Blüte	Flor
Flügel	Asas
Frucht	Fruta
Garten	Jardim
Honig	Mel
Insekt	Inseto
Königin	Rainha
Lebensraum	Habitat
Ökosystem	Ecossistema
Pflanzen	Plantas
Pollen	Pólen
Rauch	Fumaça
Schwarm	Enxame
Sonne	Sol
Vielfalt	Diversidade
Vorteilhaft	Benéfico
Wachs	Cera

Bildende Kunst
Artes Visuais

Architektur	Arquitetura
Bleistift	Lápis
Film	Filme
Foto	Fotografia
Gemälde	Pintura
Holzkohle	Carvão
Keramik	Cerâmica
Kreativität	Criatividade
Kreide	Giz
Künstler	Artista
Lack	Verniz
Meisterwerk	Obra-Prima
Perspektive	Perspectiva
Porträt	Retrato
Schablone	Estêncil
Skulptur	Escultura
Staffelei	Cavalete
Stift	Caneta
Ton	Argila
Wachs	Cera

Biologie
Biologia

Anatomie	Anatomia
Chromosom	Cromossoma
Embryo	Embrião
Enzym	Enzima
Evolution	Evolução
Hormon	Hormona
Kollagen	Colagénio
Mutation	Mutação
Natürlich	Natural
Nerv	Nervo
Neuron	Neurônio
Osmose	Osmose
Pflanzen	Plantas
Photosynthese	Fotossíntese
Protein	Proteína
Reptil	Réptil
Säugetier	Mamífero
Symbiose	Simbiose
Synapse	Sinapse
Zelle	Célula

Blumen
Flores

Blütenblatt	Pétala
Gardenie	Gardênia
Gänseblümchen	Margarida
Hibiskus	Hibisco
Jasmin	Jasmim
Klee	Trevo
Lavendel	Lavanda
Lila	Lilás
Lilie	Lírio
Löwenzahn	Dente-De-Leão
Magnolie	Magnólia
Mohn	Papoula
Orchidee	Orquídea
Pfingstrose	Peônia
Plumeria	Plumeria
Rose	Rosa
Sonnenblume	Girassol
Strauss	Buquê
Tulpe	Tulipa

Boote
Barcos

Anker	Âncora
Boje	Bóia
Crew	Tripulação
Dock	Doca
Fähre	Balsa
Floss	Jangada
Fluss	Rio
Kajak	Caiaque
Kanu	Canoa
Mast	Mastro
Meer	Mar
Motor	Motor
Nautisch	Náutico
Ozean	Oceano
Rettungsboot	Bote
See	Lago
Segelboot	Veleiro
Seil	Corda
Wellen	Ondas
Yacht	Iate

Bücher
Livros

Abenteuer	Aventura
Autor	Autor
Dualität	Dualidade
Episch	Épico
Erfinderisch	Inventivo
Erzähler	Narrador
Gedicht	Poema
Geschichte	História
Geschrieben	Escrito
Historisch	Histórico
Humorvoll	Humorado
Kollektion	Coleção
Kontext	Contexto
Leser	Leitor
Literarisch	Literário
Poesie	Poesia
Roman	Romance
Seite	Página
Serie	Série
Tragisch	Trágico

Camping
Acampamento

Abenteuer	Aventura
Bäume	Árvores
Berg	Montanha
Feuer	Fogo
Hängematte	Maca
Hut	Chapéu
Insekt	Inseto
Jagd	Caça
Kabine	Cabine
Kanu	Canoa
Karte	Mapa
Kompass	Bússola
Laterne	Lanterna
Mond	Lua
Natur	Natureza
See	Lago
Seil	Corda
Tiere	Animais
Wald	Floresta
Zelt	Tenda

Chemie
Química

Alkalisch	Alcalino
Chlor	Cloro
Elektron	Elétron
Enzym	Enzima
Flüssigkeit	Líquido
Gas	Gás
Gewicht	Peso
Hitze	Calor
Ion	Íon
Katalysator	Catalisador
Kohlenstoff	Carbono
Molekül	Molécula
Nuklear	Nuclear
Organisch	Orgânico
Reaktion	Reação
Salz	Sal
Sauerstoff	Oxigénio
Säure	Ácido
Temperatur	Temperatura
Wasserstoff	Hidrogênio

Diplomatie
Diplomacia

Ausländisch	Estrangeiro
Berater	Consultor
Botschaft	Embaixada
Botschafter	Embaixador
Bürger	Cidadãos
Diplomatisch	Diplomático
Diskussion	Discussão
Ethik	Ética
Gemeinschaft	Comunidade
Gerechtigkeit	Justiça
Humanitär	Humanitário
Integrität	Integridade
Konflikt	Conflito
Lösung	Solução
Politik	Política
Regierung	Governo
Sicherheit	Segurança
Sprachen	Línguas
Vertrag	Tratado
Zusammenarbeit	Cooperação

Einwanderung
Imigração

Erwachsene	Adultos
Finanzierung	Financiamento
Frist	Prazo
Gehäuse	Habitação
Genehmigung	Aprovação
Gesetz	Lei
Grenzen	Fronteiras
Hilfe	Ajuda
Kinder	Crianças
Kommunikation	Comunicação
Lösung	Solução
Offizier	Oficial
Prozess	Processo
Schutz	Proteção
Situation	Situação
Sprache	Língua
Stress	Estresse
Verhandlung	Negociação
Verwaltung	Administração

Energie
Energia

Batterie	Bateria
Benzin	Gasolina
Brennstoff	Combustível
Diesel	Diesel
Elektrisch	Elétrico
Elektron	Elétron
Entropie	Entropia
Erneuerbar	Renovável
Hitze	Calor
Industrie	Indústria
Kohlenstoff	Carbono
Motor	Motor
Nuklear	Nuclear
Photon	Fóton
Sonne	Sol
Turbine	Turbina
Umwelt	Ambiente
Verschmutzung	Poluição
Wasserstoff	Hidrogênio
Wind	Vento

Ernährung
Nutrição

Appetit	Apetite
Ausgewogen	Equilibrado
Bitter	Amargo
Diät	Dieta
Essbar	Comestível
Fermentation	Fermentação
Geschmack	Sabor
Gesund	Saudável
Gesundheit	Saúde
Getreide	Cereal
Gewicht	Peso
Kalorien	Calorias
Kohlenhydrate	Carboidratos
Nährstoff	Nutriente
Proteine	Proteínas
Qualität	Qualidade
Sosse	Molho
Toxin	Toxina
Verdauung	Digestão
Vitamin	Vitamina

Essen #1
Comida #1

Basilikum	Manjericão
Birne	Pera
Erdbeere	Morango
Erdnuss	Amendoim
Fleisch	Carne
Kaffee	Café
Karotte	Cenoura
Knoblauch	Alho
Milch	Leite
Rübe	Nabo
Saft	Suco
Salat	Salada
Salz	Sal
Spinat	Espinafre
Suppe	Sopa
Thunfisch	Atum
Zimt	Canela
Zitrone	Limão
Zucker	Açúcar
Zwiebel	Cebola

Essen #2
Comida # 2

Apfel	Maçã
Artischocke	Alcachofra
Aubergine	Beringela
Banane	Banana
Brokkoli	Brócolis
Brot	Pão
Ei	Ovo
Fisch	Peixe
Joghurt	Iogurte
Käse	Queijo
Kirsche	Cereja
Mandel	Amêndoa
Pilz	Cogumelo
Reis	Arroz
Schinken	Presunto
Schokolade	Chocolate
Sellerie	Aipo
Spargel	Aspargo
Tomate	Tomate
Weizen	Trigo

Ethik
Ética

Altruismus	Altruísmo
Diplomatisch	Diplomático
Ehrlichkeit	Honestidade
Freundlichkeit	Bondade
Geduld	Paciência
Integrität	Integridade
Menschheit	Humanidade
Mitgefühl	Compaixão
Optimismus	Otimismo
Philosophie	Filosofia
Rationalität	Racionalidade
Realismus	Realismo
Respektvoll	Respeitoso
Toleranz	Tolerância
Vernünftig	Razoável
Weisheit	Sabedoria
Werte	Valores
Wohlwollend	Benevolente
Würde	Dignidade
Zusammenarbeit	Cooperação

Fahren
Dirigindo

Auto	Carro
Bremsen	Freios
Brennstoff	Combustível
Bus	Ônibus
Garage	Garagem
Gas	Gás
Gefahr	Perigo
Geschwindigkeit	Rapidez
Karte	Mapa
Lizenz	Licença
Lkw	Caminhão
Motor	Motor
Motorrad	Motocicleta
Polizei	Polícia
Sicherheit	Segurança
Transport	Transporte
Tunnel	Túnel
Unfall	Acidente
Verkehr	Tráfego
Vorsicht	Cuidado

Fahrzeuge
Veículos

Auto	Carro
Boot	Barco
Bus	Ônibus
Fahrrad	Bicicleta
Fähre	Balsa
Floss	Jangada
Flugzeug	Avião
Hubschrauber	Helicóptero
Krankenwagen	Ambulância
Lkw	Caminhão
Motor	Motor
Rakete	Foguete
Reifen	Pneus
Roller	Lambreta
Taxi	Táxi
Traktor	Trator
U-Bahn	Metrô
U-Boot	Submarino
Van	Furgão
Wohnwagen	Caravana

Familie
Família

Bruder	Irmão
Ehefrau	Esposa
Ehemann	Marido
Enkel	Neto
Grossmutter	Avó
Grossvater	Avô
Kind	Criança
Kindheit	Infância
Mutter	Mãe
Mütterlich	Materno
Neffe	Sobrinho
Nichte	Sobrinha
Onkel	Tio
Schwester	Irmã
Tante	Tia
Tochter	Filha
Vater	Pai
Väterlich	Paterno
Vetter	Primo
Vorfahr	Antepassado

Flugzeuge
Aviões

Abenteuer	Aventura
Abstieg	Descida
Atmosphäre	Atmosfera
Aufblasen	Inflar
Ballon	Balão
Brennstoff	Combustível
Crew	Tripulação
Geschichte	História
Himmel	Céu
Höhe	Altura
Konstruktion	Construção
Luft	Ar
Motor	Motor
Navigieren	Navegar
Passagier	Passageiro
Pilot	Piloto
Propeller	Hélices
Turbulenz	Turbulência
Wasserstoff	Hidrogênio
Wetter	Tempo

Formen
Formas

Bogen	Arco
Dreieck	Triângulo
Ecke	Canto
Ellipse	Elipse
Hyperbel	Hipérbole
Kegel	Cone
Kreis	Círculo
Kugel	Esfera
Kurve	Curva
Linie	Linha
Oval	Oval
Polygon	Polígono
Prisma	Prisma
Pyramide	Pirâmide
Quadrat	Quadrado
Rechteck	Retângulo
Seite	Lado
Würfel	Cubo
Zylinder	Cilindro

Garten
Jardim

Bank	Banco
Baum	Árvore
Blume	Flor
Boden	Solo
Busch	Arbusto
Garage	Garagem
Garten	Jardim
Gras	Grama
Hängematte	Maca
Obstgarten	Pomar
Rasen	Gramado
Rechen	Ancinho
Schaufel	Pá
Schlauch	Mangueira
Teich	Lagoa
Terrasse	Terraço
Trampolin	Trampolim
Veranda	Varanda
Zaun	Cerca

Gartenarbeit
Jardinagem

Art	Espécies
Blatt	Folha
Blüte	Flor
Boden	Solo
Botanisch	Botânico
Container	Recipiente
Essbar	Comestível
Exotisch	Exótico
Feuchtigkeit	Umidade
Klima	Clima
Kompost	Composto
Laub	Folhagem
Obstgarten	Pomar
Saat	Sementes
Saisonal	Sazonal
Schlauch	Mangueira
Schmutz	Sujeira
Strauss	Buquê
Wasser	Água

Gebäude
Edifícios

Bauernhof	Fazenda
Botschaft	Embaixada
Fabrik	Fábrica
Garage	Garagem
Herberge	Albergue
Hotel	Hotel
Kabine	Cabine
Kino	Cinema
Krankenhaus	Hospital
Labor	Laboratório
Museum	Museu
Observatorium	Observatório
Scheune	Celeiro
Schule	Escola
Stadion	Estádio
Supermarkt	Supermercado
Theater	Teatro
Turm	Torre
Universität	Universidade
Zelt	Tenda

Gemüse
Vegetais

Artischocke	Alcachofra
Aubergine	Beringela
Blumenkohl	Couve-Flor
Brokkoli	Brócolis
Erbse	Ervilha
Gurke	Pepino
Ingwer	Gengibre
Karotte	Cenoura
Kartoffel	Batata
Knoblauch	Alho
Kürbis	Abóbora
Olive	Oliva
Petersilie	Salsa
Pilz	Cogumelo
Rübe	Nabo
Salat	Salada
Sellerie	Aipo
Spinat	Espinafre
Tomate	Tomate
Zwiebel	Cebola

Geographie
Geografia

Atlas	Atlas
Äquator	Equador
Berg	Montanha
Breite	Latitude
Fluss	Rio
Gebiet	Território
Hemisphäre	Hemisfério
Höhe	Altitude
Insel	Ilha
Karte	Mapa
Kontinent	Continente
Land	País
Meer	Mar
Meridian	Meridiano
Norden	Norte
Ozean	Oceano
Region	Região
Stadt	Cidade
Welt	Mundo
West	Oeste

Geologie
Geologia

Erdbeben	Terremoto
Erosion	Erosão
Fossil	Fóssil
Geschmolzen	Fundido
Geysir	Geyser
Höhle	Caverna
Kalzium	Cálcio
Kontinent	Continente
Koralle	Coral
Lava	Lava
Mineralien	Minerais
Plateau	Platô
Quarz	Quartzo
Salz	Sal
Säure	Ácido
Stalagmiten	Estalagmites
Stalaktit	Estalactite
Stein	Pedra
Vulkan	Vulcão
Zone	Zona

Geometrie
Geometria

Anteil	Proporção
Berechnung	Cálculo
Dimension	Dimensão
Dreieck	Triângulo
Durchmesser	Diâmetro
Gleichung	Equação
Horizontal	Horizontal
Höhe	Altura
Kreis	Círculo
Kurve	Curva
Logik	Lógica
Masse	Massa
Nummer	Número
Oberfläche	Superfície
Parallel	Paralelo
Quadrat	Quadrado
Segment	Segmento
Symmetrie	Simetria
Theorie	Teoria
Winkel	Ângulo

Geschäft
Negócios

Arbeitgeber	Empregador
Budget	Orçamento
Büro	Escritório
Einkommen	Rendimento
Fabrik	Fábrica
Geld	Dinheiro
Geschäft	Loja
Gewinn	Lucro
Investition	Investimento
Karriere	Carreira
Kosten	Custo
Manager	Gerente
Mitarbeiter	Empregado
Rabatt	Desconto
Steuern	Impostos
Transaktion	Transação
Verkauf	Venda
Ware	Mercadoria
Währung	Moeda
Wirtschaft	Economia

Gesundheit und Wellness #1
Saúde e Bem-Estar #1

Aktiv	Ativo
Apotheke	Farmácia
Arzt	Doutor
Bakterien	Bactérias
Behandlung	Tratamento
Entspannung	Relaxamento
Fraktur	Fratura
Gewohnheit	Hábito
Haut	Pele
Hormone	Hormones
Höhe	Altura
Hunger	Fome
Klinik	Clínica
Knochen	Ossos
Medizin	Medicina
Medizinisch	Médico
Nerven	Nervos
Reflex	Reflexo
Therapie	Terapia
Virus	Vírus

Gesundheit und Wellness #2
Saúde e Bem-Estar #2

Allergie	Alergia
Anatomie	Anatomia
Appetit	Apetite
Blut	Sangue
Diät	Dieta
Energie	Energia
Genetik	Genética
Gesund	Saudável
Gewicht	Peso
Hygiene	Higiene
Infektion	Infecção
Kalorie	Caloria
Krankenhaus	Hospital
Krankheit	Doença
Massage	Massagem
Risiken	Riscos
Schlafen	Dormir
Sport	Esportes
Stress	Estresse
Vitamin	Vitamina

Gewürze
Especiarias

Anis	Anis
Bitter	Amargo
Curry	Caril
Fenchel	Funcho
Geschmack	Sabor
Ingwer	Gengibre
Kardamom	Cardamomo
Knoblauch	Alho
Lakritze	Alcaçuz
Muskatnuss	Noz-Moscada
Nelke	Cravo
Paprika	Páprica
Pfeffer	Pimenta
Safran	Açafrão
Salz	Sal
Sauer	Azedo
Süss	Doce
Vanille	Baunilha
Zimt	Canela
Zwiebel	Cebola

Globale Erwärmung
Aquecimento Global

Arktis	Ártico
Aufmerksamkeit	Atenção
Bevölkerung	Populações
Daten	Dados
Energie	Energia
Gas	Gás
Generationen	Gerações
Gesetzgebung	Legislação
Industrie	Indústria
International	Internacional
Jetzt	Agora
Klima	Clima
Krise	Crise
Lebensraum	Habitats
Regierung	Governo
Temperaturen	Temperaturas
Umwelt	Ambiental
Wissenschaftler	Cientista
Zukunft	Futuro

Haartypen
Tipos de Cabelo

Blond	Loiro
Braun	Marrom
Dick	Grosso
Dünn	Fino
Farbig	Colori
Geflochten	Trançado
Gesund	Saudável
Grau	Cinza
Kahl	Careca
Kurz	Curto
Lang	Longo
Locken	Cachos
Lockig	Encaracolado
Schwarz	Preto
Silber	Prata
Trocken	Seco
Weich	Suave
Weiss	Branco
Wellig	Ondulado
Zöpfe	Tranças

Haus
Casa

Besen	Vassoura
Bibliothek	Biblioteca
Dach	Telhado
Dachboden	Sótão
Decke	Teto
Dusche	Chuveiro
Fenster	Janela
Garage	Garagem
Garten	Jardim
Kamin	Lareira
Küche	Cozinha
Möbel	Mobiliário
Schlüssel	Chaves
Schornstein	Chaminé
Spiegel	Espelho
Treppe	Escada
Tür	Porta
Wand	Parede
Zaun	Cerca
Zimmer	Quarto

Ingenieurwesen
Engenharia

Achse	Eixo
Antrieb	Propulsão
Berechnung	Cálculo
Diagramm	Diagrama
Diesel	Diesel
Durchmesser	Diâmetro
Energie	Energia
Flüssigkeit	Líquido
Getriebe	Engrenagens
Hebel	Alavancas
Konstruktion	Construção
Maschine	Máquina
Messung	Medição
Motor	Motor
Stabilität	Estabilidade
Stärke	Força
Struktur	Estrutura
Tiefe	Profundidade
Verteilung	Distribuição
Winkel	Ângulo

Jazz
Jazz

Album	Álbum
Alt	Velho
Applaus	Aplauso
Berühmt	Famoso
Favoriten	Favoritos
Genre	Gênero
Improvisation	Improvisação
Komponist	Compositor
Konzert	Concerto
Künstler	Artista
Lied	Canção
Musik	Música
Musiker	Músicos
Neu	Novo
Orchester	Orquestra
Rhythmus	Ritmo
Solo	Solo
Stil	Estilo
Talent	Talento
Technik	Técnica

Kaffee
Café

Aroma	Aroma
Bitter	Amargo
Creme	Creme
Filter	Filtro
Flüssigkeit	Líquido
Geröstet	Assado
Geschmack	Sabor
Getränk	Bebida
Koffein	Cafeína
Mahlen	Moer
Milch	Leite
Morgen	Manhã
Preis	Preço
Schwarz	Preto
Tasse	Copa
Ursprung	Origem
Vielfalt	Variedade
Wasser	Água
Zucker	Açúcar

Kleidung
Roupas

Armband	Pulseira
Bluse	Blusa
Gürtel	Cinto
Halskette	Colar
Handschuhe	Luvas
Hemd	Camisa
Hose	Calça
Hut	Chapéu
Jacke	Jaqueta
Jeans	Jeans
Kleid	Vestido
Mantel	Casaco
Mode	Moda
Pullover	Suéter
Rock	Saia
Sandalen	Sandálias
Schal	Lenço
Schlafanzug	Pijama
Schuh	Sapato
Schürze	Avental

Krankheit
Doença

Abdominal	Abdominal
Akut	Agudo
Allergien	Alergias
Ansteckend	Contagioso
Atemwege	Respiratório
Bakteriell	Bacteriano
Chronisch	Crônica
Entzündung	Inflamação
Erblich	Hereditário
Genetisch	Genético
Gesundheit	Saúde
Herz	Coração
Immunität	Imunidade
Knochen	Ossos
Körper	Corpo
Neuropathie	Neuropatia
Schwach	Fraco
Sinus	Seio
Syndrom	Síndrome
Therapie	Terapia

Kräuterkunde
Herbalismo

Aromatisch	Aromático
Basilikum	Manjericão
Blume	Flor
Dill	Endro
Estragon	Estragão
Fenchel	Funcho
Garten	Jardim
Geschmack	Sabor
Grün	Verde
Knoblauch	Alho
Kulinarisch	Culinário
Lavendel	Lavanda
Majoran	Manjerona
Petersilie	Salsa
Qualität	Qualidade
Rosmarin	Alecrim
Safran	Açafrão
Thymian	Tomilho
Vorteilhaft	Benéfico
Zutat	Ingrediente

Kreativität
Criatividade

Ausdruck	Expressão
Authentizität	Autenticidade
Bild	Imagem
Dramatisch	Dramático
Eindruck	Impressão
Erfinderisch	Inventivo
Fähigkeit	Habilidade
Flüssigkeit	Fluidez
Gefühle	Sentimentos
Inspiration	Inspiração
Intensität	Intensidade
Intuition	Intuição
Klarheit	Clareza
Künstlerisch	Artístico
Phantasie	Imaginação
Sensation	Sensação
Spontan	Espontânea
Visionen	Visões
Vitalität	Vitalidade

Kunst
Arte

Ausdruck	Expressão
Ehrlich	Honesto
Einfach	Simples
Gegenstand	Sujeito
Gemälde	Pinturas
Inspiriert	Inspirado
Keramik	Cerâmica
Komplex	Complexo
Original	Original
Persönlich	Pessoal
Poesie	Poesia
Porträtieren	Retratar
Schaffen	Criar
Skulptur	Escultura
Stimmung	Humor
Surrealismus	Surrealismo
Symbol	Símbolo
Visuell	Visual
Zusammensetzung	Composição

Küche
Cozinha

Essen	Comer
Essstäbchen	Pauzinhos
Gabeln	Garfos
Gefrierschrank	Freezer
Gewürze	Especiarias
Grill	Grelha
Kelle	Concha
Krug	Jarro
Kühlschrank	Geladeira
Löffel	Colheres
Messer	Facas
Ofen	Forno
Rezept	Receita
Schürze	Avental
Schüssel	Tigela
Schwamm	Esponja
Serviette	Guardanapo
Tassen	Cups
Wasserkocher	Chaleira

Landschaften
Paisagens

Berg	Montanha
Eisberg	Iceberg
Fluss	Rio
Geysir	Geyser
Gletscher	Geleira
Golf	Golfo
Halbinsel	Península
Höhle	Caverna
Hügel	Colina
Insel	Ilha
Meer	Mar
Oase	Oásis
See	Lago
Strand	Praia
Sumpf	Pântano
Tal	Vale
Tundra	Tundra
Vulkan	Vulcão
Wasserfall	Cascata
Wüste	Deserto

Länder #1
Países #1

Ägypten	Egito
Brasilien	Brasil
Deutschland	Alemanha
Finnland	Finlândia
Indien	Índia
Irak	Iraque
Israel	Israel
Italien	Itália
Kambodscha	Camboja
Kanada	Canadá
Lettland	Letônia
Mali	Mali
Nicaragua	Nicarágua
Norwegen	Noruega
Polen	Polônia
Rumänien	Romênia
Senegal	Senegal
Spanien	Espanha
Venezuela	Venezuela
Vietnam	Vietnã

Länder #2
Países #2

Albanien	Albânia
Äthiopien	Etiópia
Frankreich	França
Griechenland	Grécia
Haiti	Haiti
Irland	Irlanda
Jamaika	Jamaica
Japan	Japão
Kenia	Quênia
Laos	Laos
Liberia	Libéria
Mexiko	México
Nepal	Nepal
Nigeria	Nigéria
Pakistan	Paquistão
Russland	Rússia
Sudan	Sudão
Syrien	Síria
Uganda	Uganda
Ukraine	Ucrânia

Literatur
Literatura

Analogie	Analogia
Analyse	Análise
Anekdote	Anedota
Autor	Autor
Beschreibung	Descrição
Biographie	Biografia
Dialog	Diálogo
Erzähler	Narrador
Fiktion	Ficção
Gedicht	Poema
Metapher	Metáfora
Poetisch	Poético
Reim	Rima
Rhythmus	Ritmo
Roman	Romance
Schlussfolgerung	Conclusão
Stil	Estilo
Thema	Tema
Tragödie	Tragédia
Vergleich	Comparação

Mathematik
Matemática

Arithmetik	Aritmética
Bruchteil	Fração
Dezimal	Decimal
Dreieck	Triângulo
Durchmesser	Diâmetro
Exponent	Expoente
Geometrie	Geometria
Gleichung	Equação
Parallel	Paralelo
Parallelogramm	Paralelogramo
Polygon	Polígono
Quadrat	Quadrado
Radius	Raio
Rechteck	Retângulo
Senkrecht	Perpendicular
Summe	Soma
Symmetrie	Simetria
Umfang	Perímetro
Volumen	Volume
Winkel	Ângulos

Meditation
Meditação

Annahme	Aceitação
Aufmerksamkeit	Atenção
Bewegung	Movimento
Dankbarkeit	Gratidão
Freundlichkeit	Bondade
Frieden	Paz
Gedanken	Pensamentos
Geistig	Mental
Glück	Felicidade
Klarheit	Clareza
Lehre	Ensinamentos
Lernen	Aprender
Mitgefühl	Compaixão
Musik	Música
Natur	Natureza
Perspektive	Perspectiva
Ruhig	Calmo
Stille	Silêncio
Verstand	Mente
Wach	Acordado

Menschlicher Körper
Corpo Humano

Bein	Perna
Blut	Sangue
Ellbogen	Cotovelo
Finger	Dedo
Gehirn	Cérebro
Gesicht	Rosto
Hals	Pescoço
Hand	Mão
Haut	Pele
Herz	Coração
Kiefer	Mandíbula
Kinn	Queixo
Knie	Joelho
Knöchel	Tornozelo
Kopf	Cabeça
Mund	Boca
Nase	Nariz
Ohr	Orelha
Schulter	Ombro
Zunge	Língua

Messungen
Medições

Breite	Largura
Byte	Byte
Dezimal	Decimal
Gewicht	Peso
Grad	Grau
Gramm	Grama
Höhe	Altura
Kilogramm	Quilograma
Kilometer	Quilômetro
Länge	Comprimento
Liter	Litro
Masse	Massa
Meter	Metro
Minute	Minuto
Tiefe	Profundidade
Tonne	Tonelada
Unze	Onça
Volumen	Volume
Zentimeter	Centímetro
Zoll	Polegada

Mode
Moda

Bescheiden	Modesto
Boutique	Boutique
Einfach	Simples
Elegant	Elegante
Erschwinglich	Acessível
Kleidung	Roupa
Komfortabel	Confortável
Minimalistisch	Minimalista
Modern	Moderno
Original	Original
Praktisch	Prático
Spitze	Renda
Stickerei	Bordado
Stil	Estilo
Stoff	Tecido
Tasten	Botões
Teuer	Caro
Textur	Textura
Trend	Tendência

Musik
Música

Album	Álbum
Ballade	Balada
Chor	Coro
Harmonie	Harmonia
Harmonisch	Harmônico
Improvisieren	Improvisar
Instrument	Instrumento
Klassisch	Clássico
Lyrisch	Lírico
Melodie	Melodia
Mikrofon	Microfone
Musical	Musical
Musiker	Músico
Oper	Ópera
Poetisch	Poético
Rhythmisch	Rítmico
Rhythmus	Ritmo
Sänger	Cantor
Singen	Cantar
Tempo	Tempo

Musikinstrumente
Instrumentos Musicais

Banjo	Banjo
Cello	Violoncelo
Fagott	Fagote
Flöte	Flauta
Geige	Violino
Gitarre	Violão
Gong	Gongo
Harfe	Harpa
Klarinette	Clarinete
Klavier	Piano
Mandoline	Bandolim
Marimba	Marimba
Mundharmonika	Gaita
Oboe	Oboé
Posaune	Trombone
Saxophon	Saxofone
Schlagzeug	Percussão
Tamburin	Pandeiro
Trommel	Tambor
Trompete	Trompete

Mythologie
Mitologia

Archetyp	Arquétipo
Blitz	Relâmpago
Donner	Trovão
Eifersucht	Ciúmes
Held	Herói
Himmel	Céu
Katastrophe	Desastre
Kreation	Criação
Kreatur	Criatura
Krieger	Guerreiro
Kultur	Cultura
Labyrinth	Labirinto
Legende	Lenda
Magisch	Mágico
Monster	Monstro
Rache	Vingança
Stärke	Força
Sterblich	Mortal
Unsterblichkeit	Imortalidade
Verhalten	Comportamento

Natur
Natureza

Arktis	Ártico
Berge	Montanhas
Bienen	Abelhas
Dynamisch	Dinâmico
Erosion	Erosão
Fluss	Rio
Friedlich	Pacífico
Gletscher	Geleira
Heiligtum	Santuário
Heiter	Sereno
Laub	Folhagem
Lebenswichtig	Vital
Nebel	Nevoeiro
Schönheit	Beleza
Schutz	Abrigo
Tiere	Animais
Tropisch	Tropical
Wald	Floresta
Wild	Selvagem
Wüste	Deserto

Obst
Frutas

Ananas	Abacaxi
Apfel	Maçã
Aprikose	Damasco
Avocado	Abacate
Banane	Banana
Beere	Baga
Birne	Pera
Brombeere	Amora
Himbeere	Framboesa
Kirsche	Cereja
Kiwi	Kiwi
Kokosnuss	Coco
Melone	Melão
Nektarine	Nectarina
Orange	Laranja
Papaya	Mamão
Pfirsich	Pêssego
Pflaume	Ameixa
Traube	Uva
Zitrone	Limão

Ozean
Oceano

Aal	Enguia
Auster	Ostra
Boot	Barco
Delfin	Golfinho
Fisch	Peixe
Garnele	Camarão
Gezeiten	Marés
Hai	Tubarão
Koralle	Coral
Krabbe	Caranguejo
Krake	Polvo
Qualle	Medusa
Riff	Recife
Salz	Sal
Schildkröte	Tartaruga
Schwamm	Esponja
Sturm	Tempestade
Thunfisch	Atum
Wal	Baleia
Wellen	Ondas

Ökologie
Ecologia

Art	Espécies
Berge	Montanhas
Dürre	Seca
Fauna	Fauna
Flora	Flora
Freiwillige	Voluntários
Gemeinschaft	Comunidades
Global	Global
Klima	Clima
Lebensraum	Habitat
Marine	Marinho
Nachhaltig	Sustentável
Natur	Natureza
Natürlich	Natural
Pflanzen	Plantas
Ressourcen	Recursos
Sumpf	Pântano
Überleben	Sobrevivência
Vegetation	Vegetação
Vielfalt	Diversidade

Pflanzen
Plantas

Bambus	Bambu
Baum	Árvore
Beere	Baga
Blume	Flor
Blütenblatt	Pétala
Bohne	Feijão
Botanik	Botânica
Busch	Arbusto
Dünger	Fertilizante
Efeu	Hera
Flora	Flora
Garten	Jardim
Gras	Grama
Kaktus	Cacto
Kraut	Erva
Laub	Folhagem
Moos	Musgo
Vegetation	Vegetação
Wald	Floresta
Wurzel	Raiz

Philanthropie
Filantropia

Brauchen	Necessidade
Ehrlichkeit	Honestidade
Finanzieren	Finança
Gemeinschaft	Comunidade
Geschichte	História
Global	Global
Grosszügigkeit	Generosidade
Gruppen	Grupos
Jugend	Juventude
Kinder	Crianças
Kontakte	Contatos
Menschen	Pessoas
Menschheit	Humanidade
Mission	Missão
Mittel	Fundos
Nächstenliebe	Caridade
Öffentlich	Público
Programme	Programas
Spenden	Doar
Ziele	Objetivos

Physik
Física

Atom	Átomo
Beschleunigung	Aceleração
Chaos	Caos
Chemisch	Químico
Dichte	Densidade
Elektron	Elétron
Experiment	Experiência
Formel	Fórmula
Frequenz	Frequência
Gas	Gás
Geschwindigkeit	Velocidade
Magnetismus	Magnetismo
Masse	Massa
Mechanik	Mecânica
Molekül	Molécula
Motor	Motor
Nuklear	Nuclear
Partikel	Partícula
Relativität	Relatividade
Universal	Universal

Psychologie
Psicologia

Bewertung	Avaliação
Bewusstlos	Inconsciente
Ego	Ego
Einflüsse	Influências
Gedanken	Pensamentos
Kindheit	Infância
Klinisch	Clínico
Kognition	Cognição
Konflikt	Conflito
Persönlichkeit	Personalidade
Problem	Problema
Sensation	Sensação
Termin	Compromisso
Therapie	Terapia
Träume	Sonhos
Unterbewusstsein	Subconsciente
Verhalten	Comportamento
Wahrnehmung	Percepção
Wirklichkeit	Realidade

Regierung
Governo

Bezirk	Distrito
Demokratie	Democracia
Denkmal	Monumento
Diskussion	Discussão
Freiheit	Liberdade
Friedlich	Pacífico
Führer	Líder
Gerechtigkeit	Justiça
Gesetz	Lei
Gleichheit	Igualdade
Nation	Nação
National	Nacional
Politik	Política
Rechte	Direitos
Rede	Discurso
Staat	Estado
Symbol	Símbolo
Unabhängigkeit	Independência
Verfassung	Constituição
Zivil	Civil

Restaurant #2
Restaurante # 2

Abendessen	Jantar
Eis	Gelo
Fisch	Peixe
Frucht	Fruta
Gabel	Garfo
Gemüse	Legumes
Getränk	Bebida
Gewürze	Especiarias
Kellner	Garçom
Köstlich	Delicioso
Kuchen	Bolo
Löffel	Colher
Mittagessen	Almoço
Nudeln	Macarrão
Salat	Salada
Salz	Sal
Stuhl	Cadeira
Suppe	Sopa
Vorspeise	Aperitivo
Wasser	Água

Säugetiere
Mamíferos

Affe	Macaco
Bär	Urso
Biber	Castor
Elefant	Elefante
Fuchs	Raposa
Giraffe	Girafa
Gorilla	Gorila
Hund	Cão
Känguru	Canguru
Kojote	Coiote
Löwe	Leão
Panther	Pantera
Pferd	Cavalo
Ratte	Rato
Schaf	Ovelha
Stier	Touro
Tiger	Tigre
Wal	Baleia
Wolf	Lobo
Zebra	Zebra

Schokolade
Chocolate

Antioxidans	Antioxidante
Aroma	Aroma
Bitter	Amargo
Erdnüsse	Amendoins
Essen	Comer
Exotisch	Exótico
Favorit	Favorito
Geschmack	Gosto
Handwerklich	Artesanal
Kakao	Cacau
Kalorien	Calorias
Karamell	Caramelo
Kokosnuss	Coco
Köstlich	Delicioso
Pulver	Pó
Qualität	Qualidade
Rezept	Receita
Süss	Doce
Zucker	Açúcar
Zutat	Ingrediente

Schönheit
Beleza

Anmut	Graça
Charme	Charme
Dienstleistungen	Serviços
Duft	Fragrância
Elegant	Elegante
Eleganz	Elegância
Farbe	Cor
Fotogen	Fotogênico
Glatt	Suave
Haut	Pele
Kosmetik	Cosméticos
Lippenstift	Batom
Locken	Cachos
Öle	Óleos
Produkte	Produtos
Schere	Tesoura
Shampoo	Xampu
Spiegel	Espelho
Stylist	Estilista
Wimperntusche	Rímel

Science Fiction
Ficção Científica

Bücher	Livros
Dystopie	Distopia
Explosion	Explosão
Extrem	Extremo
Fantastisch	Fantástico
Feuer	Fogo
Futuristisch	Futurista
Galaxie	Galáxia
Geheimnisvoll	Misterioso
Illusion	Ilusão
Imaginär	Imaginário
Kino	Cinema
Orakel	Oráculo
Planet	Planeta
Realistisch	Realista
Roboter	Robôs
Szenario	Cenário
Technologie	Tecnologia
Utopie	Utopia
Welt	Mundo

Sport
Esporte

Athlet	Atleta
Ausdauer	Resistência
Diät	Dieta
Ernährung	Nutrição
Fähigkeit	Capacidade
Gesundheit	Saúde
Joggen	Jogging
Knochen	Ossos
Körper	Corpo
Maximieren	Maximizar
Metabolisch	Metabólico
Muskel	Músculos
Programm	Programa
Radfahren	Ciclismo
Sport	Esportes
Stärke	Força
Tanzen	Dançando
Trainer	Treinador
Ziel	Objetivo

Stadt
Cidade

Apotheke	Farmácia
Bank	Banco
Bäckerei	Padaria
Bibliothek	Biblioteca
Blumenhändler	Florista
Buchhandlung	Livraria
Flughafen	Aeroporto
Galerie	Galeria
Hotel	Hotel
Kino	Cinema
Klinik	Clínica
Markt	Mercado
Museum	Museu
Restaurant	Restaurante
Salon	Salão
Schule	Escola
Stadion	Estádio
Supermarkt	Supermercado
Theater	Teatro
Universität	Universidade

Tage und Monate
Dias e Meses

August	Agosto
Dezember	Dezembro
Dienstag	Terça
Donnerstag	Quinta-Feira
Februar	Fevereiro
Freitag	Sexta-Feira
Jahr	Ano
Januar	Janeiro
Juli	Julho
Juni	Junho
Kalender	Calendário
Mittwoch	Quarta-Feira
Monat	Mês
Montag	Segunda-Feira
November	Novembro
Oktober	Outubro
Samstag	Sábado
September	Setembro
Sonntag	Domingo
Woche	Semana

Tanzen
Dança

Akademie	Academia
Anmut	Graça
Ausdrucksvoll	Expressivo
Bewegung	Movimento
Choreographie	Coreografia
Emotion	Emoção
Freudig	Alegre
Haltung	Postura
Klassisch	Clássico
Körper	Corpo
Kultur	Cultura
Kulturell	Cultural
Kunst	Arte
Musik	Música
Partner	Parceiro
Probe	Ensaio
Rhythmus	Ritmo
Springen	Saltar
Traditionell	Tradicional
Visuell	Visual

Technologie
Tecnologia

Bildschirm	Tela
Blog	Blog
Browser	Navegador
Bytes	Bytes
Computer	Computador
Cursor	Cursor
Datei	Arquivo
Daten	Dados
Digital	Digital
Forschung	Pesquisa
Internet	Internet
Kamera	Câmera
Nachricht	Mensagem
Schriftart	Fonte
Sicherheit	Segurança
Software	Software
Statistik	Estatísticas
Virtuell	Virtual
Virus	Vírus

Universum
Universo

Asteroid	Asteróide
Astronom	Astrônomo
Astronomie	Astronomia
Atmosphäre	Atmosfera
Äon	Eon
Äquator	Equador
Breite	Latitude
Dunkelheit	Trevas
Galaxie	Galáxia
Hemisphäre	Hemisfério
Himmel	Céu
Horizont	Horizonte
Kosmisch	Cósmico
Längengrad	Longitude
Mond	Lua
Orbit	Órbita
Sichtbar	Visível
Sonnenwende	Solstício
Teleskop	Telescópio
Tierkreis	Zodíaco

Urlaub #2
Férias #2

Ausländer	Estrangeiro
Berge	Montanhas
Camping	Acampamento
Flughafen	Aeroporto
Fotos	Fotos
Freizeit	Lazer
Hotel	Hotel
Insel	Ilha
Karte	Mapa
Meer	Mar
Pass	Passaporte
Reise	Viagem
Restaurant	Restaurante
Strand	Praia
Taxi	Táxi
Transport	Transporte
Urlaub	Feriado
Visum	Visto
Zelt	Tenda
Ziel	Destino

Vögel
Pássaros

Adler	Águia
Ei	Ovo
Ente	Pato
Eule	Coruja
Flamingo	Flamingo
Gans	Ganso
Huhn	Frango
Krähe	Corvo
Kuckuck	Cuco
Möwe	Gaivota
Papagei	Papagaio
Pelikan	Pelicano
Pfau	Pavão
Pinguin	Pinguim
Reiher	Garça
Schwan	Cisne
Spatz	Pardal
Storch	Cegonha
Taube	Pombo
Toucan	Tucano

Wandern
Caminhada

Berg	Montanha
Camping	Acampamento
Führer	Guias
Gefahren	Perigos
Gipfel	Cume
Karte	Mapa
Klima	Clima
Klippe	Penhasco
Müde	Cansado
Natur	Natureza
Orientierung	Orientação
Schwer	Pesado
Sonne	Sol
Steine	Pedras
Stiefel	Botas
Tiere	Animais
Vorbereitung	Preparação
Wasser	Água
Wetter	Tempo
Wild	Selvagem

Wetter
Clima

Atmosphäre	Atmosfera
Blitz	Relâmpago
Brise	Brisa
Donner	Trovão
Dürre	Seca
Eis	Gelo
Himmel	Céu
Hurrikan	Furacão
Klima	Clima
Monsun	Monção
Nebel	Nevoeiro
Polar	Polar
Regenbogen	Arco-Íris
Sturm	Tempestade
Temperatur	Temperatura
Tornado	Tornado
Trocken	Seco
Tropisch	Tropical
Wind	Vento
Wolke	Nuvem

Wissenschaft
Ciência

Atom	Átomo
Chemisch	Químico
Daten	Dados
Evolution	Evolução
Experiment	Experiência
Fossil	Fóssil
Hypothese	Hipótese
Klima	Clima
Labor	Laboratório
Methode	Método
Mineralien	Minerais
Moleküle	Moléculas
Natur	Natureza
Organismus	Organismo
Partikel	Partículas
Pflanzen	Plantas
Physik	Física
Schwerkraft	Gravidade
Tatsache	Fato
Wissenschaftler	Cientista

Wissenschaftliche Disziplinen
Disciplinas Científicas

Anatomie	Anatomia
Archäologie	Arqueologia
Astronomie	Astronomia
Biochemie	Bioquímica
Biologie	Biologia
Botanik	Botânica
Chemie	Química
Geologie	Geologia
Immunologie	Imunologia
Kinesiologie	Cinesiologia
Linguistik	Linguística
Mechanik	Mecânica
Mineralogie	Mineralogia
Neurologie	Neurologia
Ökologie	Ecologia
Physiologie	Fisiologia
Psychologie	Psicologia
Soziologie	Sociologia
Thermodynamik	Termodinâmica
Zoologie	Zoologia

Zahlen
Números

Acht	Oito
Achtzehn	Dezoito
Dezimal	Decimal
Drei	Três
Dreizehn	Treze
Fünf	Cinco
Fünfzehn	Quinze
Neun	Nove
Neunzehn	Dezenove
Null	Zero
Sechs	Seis
Sechzehn	Dezesseis
Sieben	Sete
Siebzehn	Dezessete
Vier	Quatro
Vierzehn	Quatorze
Zehn	Dez
Zwanzig	Vinte
Zwei	Dois
Zwölf	Doze

Zeit
Tempo

Gestern	Ontem
Heute	Hoje
Jahr	Ano
Jahrhundert	Século
Jahrzehnt	Década
Jährlich	Anual
Jetzt	Agora
Kalender	Calendário
Minute	Minuto
Mittag	Meio-Dia
Monat	Mês
Morgen	Manhã
Nach	Depois
Nacht	Noite
Stunde	Hora
Tag	Dia
Uhr	Relógio
Vor	Antes
Woche	Semana
Zukunft	Futuro

Gratuliere

Sie haben es geschafft !!

Wir hoffen, dass euch dieses Buch genauso viel Spaß gemacht hat wie uns dessen Herstellung. Wir tun unser Bestes, um qualitativ hochwertige Spiele zu erfinden. Diese Rätsel sind auf eine clevere Art und Weise entworfen, damit sie aktiv lernen und daran Vergnügen finden.

Hat ihnen das Buch gefallen ?

Eine einfache Bitte

Unsere Bücher existieren dank der Rezensionen, die sie veröffentlichen. Können sie uns helfen indem sie jetzt eine Meinung hinterlassen ?

Hier ist ein kurzer Link, der Sie zu ihrer Bewertungsseite führt

BestBooksActivity.com/Rezension50

MONSTER HERAUSFÖRDERUNGEN !

Herausförderung 1

Bereit für ihr Bonusspiel? Wir verwenden sie ständig, aber sie sind nicht einfach zu finden. Es sind die **Synonyme** !

Notieren sie 5 Wörter, die sie in den untenstehenden Rätseln (Nummer 21, 36 und 76) entdeckt haben und versuchen sie für jedes Wort 2 Synonyme zu finden .

Notieren sie 5 Wörter aus ***Rätsel 21***

Wörter	Synonym 1	Synonym 2

Notieren sie 5 Wörter aus ***Rätsel 36***

Wörter	Synonym 1	Synonym 2

Notieren sie 5 Wörter aus ***Rätsel 76***

Wörter	Synonym 1	Synonym 2

Herausförderung 2

Jetzt, wo sie warm sind, notieren sie 5 Wörter, die sie in jedem der untenaufgeführten Rätseln entdeckt haben (Nummer 9, 17 und 25) und versuchen sie für jedes Wort 2 Antonyme zu finden. Wie viele davon können sie binnen 20 Minuten finden ?

Notieren sie 5 Wörter aus ***Rätsel 9***

Wörter	Antonym 1	Antonym 2

Notieren sie 5 Wörter aus ***Rätsel 17***

Wörter	Antonym 1	Antonym 2

Notieren sie 5 Wörter aus ***Rätsel 25***

Wörter	Antonym 1	Antonym 2

Herausförderung 3

Wunderbar, diese Monster Herausförderung  wird kein Problem für sie sein !

Bereit für die letzte Herausförderung? Wählen sie ihre 10 Lieblingswörter aus, die sie in einem Rätsel entdeckt haben und notieren sie sie unten.

1.	6.
2.	7.
3.	8.
4.	9.
5.	10.

Die Aufgabe besteht nun darin mit diesen Wörtern und in maximal sechs Sätzen einen Text herzustellen über eine Person, ein Tier oder ein Ort den sie lieben !

Tipp : sie können die letzten leeren Seiten dieses Buches als Entwurf verwenden

Ihr Schreiben :

NOTIZBUCH :

AUF BALDIGES WIEDERSEHEN !

Linguas Classics

www.ingramcontent.com/pod-product-compliance
Lightning Source LLC
Chambersburg PA
CBHW081714120626
46550CB00010B/3123
9798896700487